Die schönsten
Pixi-Geschichten
für jeden Tag

© 2024 Carlsen Verlag GmbH,
Völckersstraße 14–20, 22765 Hamburg
1. Auflage 2024
Alle deutschen Rechte vorbehalten.
Wir behalten uns die Nutzung unserer Inhalte für Text- und
Data-Mining im Sinne von § 44b UrhG ausdrücklich vor.

»Jule und Rosetta am Strand«: Der Text erschien ursprünglich
unter dem Titel »Fremde Worte« in:
Cornelia Funke, Leselöwen-Strandgeschichten
© 1999 Loewe Verlag GmbH, Bindlach

»Traumschuhe für Lilian«: Text © Isabel Abedi,
zuerst erschienen im Verlag Sauerländer 2005

Umschlag- und Innenillustrationen aus Pixis Welt: Dorothea Tust
Lektorat: Eleonore Gregori und Lisann Grégorie
Grafische Gestaltung: Helene Hillebrand, Bielefeld
Umschlaggestaltung und Produktionsmanagement: Anja Bergmann
ISBN: 978-3-551-52298-6

www.pixi.de
www.carlsen.de

Die schönsten Pixi-Geschichten für jeden Tag

42 kleine Vorlese-Geschichten

Inhaltsverzeichnis

Pixi bekommt Besuch   12

Leuchtturmwärter Piet   15

Die drei Bärenkinder   18

Ein Drache im Schlossgarten   22

Eine Freude für Bauer Rübenbach   25

Ringos rote Reisekutsche   28

In der Hamsterschule   31

Beste Fußballfreunde   34

Oma Trudes Flaschengeist   37

Ferien mit Pixi   40

Jule und Rosetta am Strand — 43

Ritter Grimmelbart — 47

Traumschuhe für Lilian — 50

Erste Hilfe bei Hexenschuss — 54

Mimi und der Wunderkern — 57

Pixi rettet das Baumhaus — 60

Prinzessin Lilly Werkel — 63

Pauls Kuschelkissen — 66

Ponyherz – Besuch vom Bauernhof — 69

Pixis Entenschule — 72

Ein Troll in der Schule   75

Enrico und die faulen Piraten   78

Astronautin Fabi sammelt
Weltraumschrott   81

Der Megagruselsaurus   84

Seemann auf der Fähre   87

Pixi und das Fußballspiel   90

Neue Freunde   93

Stella tanzt auf dem Seil   96

Das schreibende Pony   99

Abenteuer auf dem Namakanda   102

Das Auto ist weg!   105

Lulu gibt Gas   108

Prinzessin Trudildis jagt
das Schlossgespenst   111

Pixi hilft den Insekten   114

Hanna schafft das   117

Das Flummi-UFO   120

Die Watschelbande   123

Feuerdrache Vatra Krak   126

Bauer Hotte macht Urlaub   129

Aufregung am Baggersee   132

Ein Pony im Garten   135

Ella-Lu, die Sommerkuh   138

Pixi bekommt Besuch

Eine Geschichte von Simone Nettingsmeier
mit Bildern von Dorothea Tust

Pixi und seine Freunde sammeln Kräuter. Die wollen sie trocknen, damit die Rehe im Winter genug zu fressen haben. »Brrrr, ist das kalt«, meint Hase Langbein. »Und windig«, lacht Pixi und hält seine rote Mütze fest. »Kommt, wir trinken heißen Kakao in meiner Höhle!«

»Ja, los!«, ruft Ricky Waschbär und reibt sich die kalten Pfoten. Doch auf einmal rauscht mit großem Geschrei etwas an ihnen vorbei. »Ahhhh«, hören sie nur, dann macht es platsch. »Was war das denn?«, fragt Umbärto.

»Da ist was im See gelandet«, meint Pixi. Die Freunde rennen zum Wasser.

»Dadada vorne!«, stottert Hase Langbein aufgeregt. »Da schwimmt wer ans Ufer!«

»Sieht aus wie eine Katze«, überlegt Pixi. Schnell helfen Umbärto und Pixi ihr an Land. »Was ist passiert?«, fragt Pixi.

»Ich konnte mein Windmobil nicht rechtzeitig bremsen, das schwimmt jetzt dahinten«, keucht das nasse Tier.

»Windmobil?«, fragt Erich Igel. »Das haben wir gleich!«, ruft Ricky und schwingt sein Lasso. »Ich hol es aus dem See.«

»Und *wir* wärmen uns in meiner Höhle auf«, schlägt Pixi vor.

In der Höhle macht Pixi allen einen heißen Kakao. »Bist du eine Katze?«, fragt Hase Langbein und reicht der Besucherin eine Decke.

»Na ja, ich bin nicht einfach eine Katze«, antwortet sie. »Ich bin eine Wildkatze. Wilma Wildkatze! Wie heißt ihr denn?«

»Ich bin Pixi, und das sind meine Freunde Erich Igel, Hase Langbein und Umbärto«, stellt Pixi vor. Plötzlich fliegt die Tür auf. Draußen steht Ricky und grinst breit. »Und das ist Ricky Waschbär«, lacht Umbärto. Alle laufen hinaus und schauen sich das Windmobil an.

13

»Oje, mein Windmobil hat ganz schön was abbekommen«, seufzt Wilma Wildkatze. »Wieso fährst du damit durch die Gegend?«, fragt Erich Igel.

»Das Windmobil ist meine neueste Erfindung«, erklärt Wilma stolz. »Damit reise ich herum.«

»Vielleicht können wir es zusammen reparieren«, meint Pixi.

»Echt?«, fragt Wilma. »Das wäre toll.«

»Klaro«, strahlt Ricky Waschbär. »Ich finde bestimmt was zum Segelflicken!«

Ricky läuft gleich los. Die anderen überlegen mit Wilma, wie sie das Windmobil wieder flottmachen. Die Wildkatze will auch noch eine stärkere Bremse einbauen.

Alle packen mit an. Am Ende kann das Windmobil wieder fahren. Auch die Bremse sitzt an ihrem Platz.

»Wer macht mit mir die Probefahrt?«, fragt Wilma Wildkatze.

»Wir!«, rufen Erich Igel und Ricky Waschbär. Zu dritt sausen sie mit dem Windmobil los. Hase Langbein rennt hinterher.

Langsam wird es dunkel und die Freunde sind ziemlich außer Atem. »Wilma, mit dir kann man echt Spaß haben!«, meint Ricky.

»Mit euch auch«, lacht Wilma. »Aber jetzt muss ich einen Schlafplatz suchen.«

»Willst du nicht hierbleiben?«, fragt Pixi.

»Au ja, wir schlafen alle bei Pixi!«, ruft Ricky.

Gemeinsam bauen sie in Pixis Höhle das Nachtlager auf. »Erzählst du uns noch von deiner Reise?«, fragt Umbärto.

»Na klar«, sagt Wilma. »Ich habe einige Abenteuer erlebt!« Als sie sich gemütlich eingekuschelt haben, fängt Wilma an zu erzählen.

Wilma redet, bis Umbarto eingeschlafen ist. Auch den anderen fallen schon die Augen zu. »Gute Nacht, Freunde!«, sagt Pixi leise.

Leuchtturmwärter Piet

Erzählt und illustriert von Dagmar Henze

Piet war schon so lange Leuchtturmwärter, dass er die Jahre nicht mehr zählte. Jeden Abend bei Einbruch der Dunkelheit zündete er das Licht in der Leuchtturmspitze an. So wussten die Kapitäne auf See, dass die Küste nicht weit war.

Häufig funkten ihn die Kapitäne an, wenn im Leuchtturm das Licht anging. Darüber freute sich Piet immer und sie plauderten eine Weile. »Steife Brise aus Nordost heute«, sagte er zum Beispiel. Und der Kapitän antwortete: »Jawoll, richtiges Kabeljauwetter!«

Manchmal kam ein Kapitän sogar im Beiboot angerudert, um sich mit Piet zu unterhalten. So hatte Piet nie Langeweile.

Doch eines Tages wurde Piets Arbeit überflüssig. Das Licht wurde nun vom Hafen aus ferngezündet. Darum war die Funkanlage nicht mehr notwendig und wurde entfernt. Jetzt konnte Piet nicht mehr angerufen werden. Und es kam ihn auch niemand mehr besuchen. Denn wie sollten die Kapitäne wissen, dass er trotzdem noch im Leuchtturm wohnte?

Piet fühlte sich schrecklich einsam und allein. Und langweilig war ihm auch. Ich könnte Briefe schreiben, dann bekomme ich auch welche zurück, dachte er.

Aber es fiel ihm niemand ein, dem er schreiben konnte. Er grübelte und grübelte. Da hatte er plötzlich eine Idee: Ich schreibe einfach an jemanden, den ich noch gar nicht kenne!

»Lieber Finder«, schrieb Piet, »hiermit möchte ich Sie zu einer Tasse Kakao und einem Stück Sandkuchen einladen. Die Anschrift lautet: Leuchtturm, Norderkoog. Viele Grüße! Piet.« Und damit man seine Einladung auch in fernen Ländern verstand, malte er noch eine dampfende Tasse und einen Kuchen dazu.

19 leere Flaschen hatte Piet in seiner Abstellkammer. Also schrieb er genau 19 Einladungen und steckte sie in die Flaschen. Über den Verschluss dachte er lange nach. Seine Post sollte ja heil und trocken ankommen! Also verkorkte Piet die Flaschen und versiegelte die Korken mit rotem Kerzenwachs. Schön sah das aus! Dreimal musste Piet laufen, um alle Flaschen zum Strand zu tragen. Nacheinander ließ er sie ins Wasser gleiten, wobei er ihnen eine angenehme Reise wünschte.

Nun begann die Zeit des Wartens. Piet war ganz aufgeregt. Würde sein Kakaovorrat reichen? Mochten die Gäste seinen Sandkuchen überhaupt?

Nach einigen Tagen war er noch trauriger als vorher. Niemand hatte sich auf seine Flaschenpost gemeldet.

Gerade wollte Piet nachsehen, ob seine Flaschen vielleicht im Seetang hängengeblieben waren, da klopfte es an der Tür. Vor ihm standen Rieke und Ole, die beiden Kinder aus dem Nachbarhaus. Sie hatten Piets Brief dabei. Seine Flaschenpost war also nur 500 Meter weit geschwommen.

Aber das machte überhaupt nichts! Zusammen ließen sie sich Kuchen und Kakao schmecken, erzählten sich Piratengeschichten und anderes Seemannsgarn, bis Rieke und Ole nach Hause mussten. »Schön war es mit euch«, sagte Piet. »Warum sind wir nur nicht früher auf die Idee gekommen, uns zu treffen?«

Von nun an war Piet nicht mehr einsam. Er bekam oft Besuch von Rieke und Ole. Gemeinsam verschickten sie noch mehr Flaschenpost und beantworteten Briefe von Findern, die leider nicht zum Sandkuchenessen kommen konnten.

Aber manchmal passierte es doch, dass jemand klopfte und fragte: »Bin ich hier richtig bei Leuchtturmwärter Piet?« Und Piet hatte immer frischen Kuchen und Kakao im Haus.

Die drei Bärenkinder

Eine Geschichte von Margit Auer
mit Bildern von Sabine Kranz

Es waren einmal drei Bärenkinder. Sie hießen Frederic, Paula und Matze und trafen sich regelmäßig zum Spielen an ihrem Baumhaus. Heute wollten sie kochen und die anderen Waldbewohner zum Essen einladen.

Frederic stand schon oben im Baumhaus neben dem Flaschenzug. Paula und Matze blieben unten und füllten einen Korb mit all den Sachen, die sie gesammelt hatten, um eine leckere Suppe zu kochen: Zapfen, Gänseblümchen, Grashalme und Blätter. Alles wanderte erst in den Korb und dann in den Topf.

Frederic begann damit, alle Zutaten zu verrühren. »Das wird lecker!«, rief er nach unten. »Die anderen Tiere werden sich freuen!«

Paula nagelte ein Schild quer über das Baumhaus. »Bärenklause« stand darauf. »Herzliche Einladung! Am Nachmittag gibt's Waldsuppe!«

Matze fand, dass zu einer Essenseinladung unbedingt ein Nachtisch gehört. Er beschloss, Erdbeeren und Blaubeeren zu sammeln. Aber den anderen sagte er davon nichts, denn der Nachtisch sollte eine Überraschung werden!

Durchs Gebüsch huschte er davon. Es war warm. Die Bienen summten und irgendwo schnarchte Martha, die Eule. Matze fand viele Beeren und freute sich sehr über sein volles Körbchen. Immer tiefer lief er in den Wald.

Es dauerte eine Weile, bis Paula und Frederic bemerkten, dass ihr Freund fehlte. Sie beschlossen sofort, ihn zu suchen.

In der Nacht zuvor hatte es geregnet und so waren Matzes Tatzenabdrücke gut auf dem Waldboden zu erkennen.

»Wo wollte er nur hin?«, wunderte sich Paula.

»Hoffentlich ist er nicht zur Höhle gelaufen«, jammerte Frederic und setzte vorsichtig eine Pfote vor die andere. »Da findet er nie wieder raus!«

»Meinst du wirklich? Ist es da gefährlich?«, wollte Paula wissen, die neben ihm herlief.

»Meine Mama hat es mir gesagt und sie hat mir verboten, darin zu spielen«, antwortete Frederic.

Die Spuren führten tatsächlich zur Höhle! Paula und Frederic sahen sich erschrocken an. »Was nun?« Sie starrten in den dunklen Eingang.

»Matze, bist du da drinnen?«, rief Frederic und hörte ein Echo: »-innen, -innen.« Wie schaurig das klang!

Paula nahm all ihren Mut zusammen und tapste in den Höhleneingang. Frederic lief zögernd hinterher. Schon nach fünf Metern teilte sich der Weg, drei Gänge waren es jetzt. Es war dunkel, und obwohl Bären ein warmes Fell haben, zitterten die beiden Bärenkinder. »Wir brauchen Hilfe!«, entschied Paula.

Sie eilten wieder nach draußen und riefen, so laut sie konnten: »Ihr lieben Waldbewohner! Kommt bitte schnell zur großen Höhle!«

Schon bald teilte sich das Dickicht und Wurzel, das Wildschwein, trabte herbei. Ihm folgten Lilli, das Reh, der Hase Emil und Martha, die Eule, die soeben aufgewacht war. »Wo brennt's?«, rief sie.

»Matze ist da drinnen.« Paula deutete mit der Pfote in Richtung der großen Höhle. »Wir müssen ihm helfen!«

Der schlaue Hase Emil hatte sofort eine Idee: Die Tiere bildeten eine Kette.

Sie nahmen erst den linken Gang. Martha, die im Dunkeln gut sehen konnte, flog vorneweg, die anderen liefen hinterher. Doch da war Matze nicht. Dann nahmen sie den rechten Gang. Auch hier: kein Matze weit und breit. Schließlich nahmen sie den mittleren Gang und gingen geradeaus.

Und dort fanden sie – Matze! Er lag auf dem Boden und schlief. Neben sich hatte er ein Körbchen Beeren stehen, der Hase Emil schnupperte daran. Sie dufteten herrlich!

»Untersteh dich«, warnte ihn Paula und betrachtete glücklich ihren Bärenfreund. Die Eule Martha setzte sich auf Matzes Rücken und hüpfte wie auf einem Trampolin darauf herum. »Aufwachen!«, kreischte sie.

Matze schlug die Augen auf. »Wo bin ich?«

»In der Höhle!« Paula lächelte ihn an. »Was wolltest du hier?«

Matze rappelte sich auf. »Oh, ich habe Beeren gesucht und wurde plötzlich schrecklich müde. Draußen war es mir zu warm, also bin ich in die Höhle gegangen, um ein Nickerchen zu machen.«

»Du dummer Bär!«, schalt ihn Wurzel, das Wildschwein. »Ohne uns hättest du nie wieder rausgefunden!« Er schaute ihn streng an.

»'tschuldigung«, sagte Matze leise und hielt seinen Rettern schnell das Beeren-körbchen unter die Nase. »Ich wollte euch keinen Kummer bereiten.«

Nachdem sie die Nachspeise aufgefuttert hatten, liefen alle Tiere schnell nach draußen. Wieder schön hintereinander, damit niemand verloren ging.

»Und jetzt gibt es Waldsuppe für alle«, verkündete Matze und gemeinsam gingen sie zu ihrem Baumhaus zurück.

Ein Drache
im Schlossgarten

Eine Geschichte von Ruth Gellersen mit Bildern von Kerstin Meyer

An einem sonnigen Sonntagnachmittag lümmelte Prinzessin Isolde mit den königlichen Jagdhunden auf dem Fußboden herum und langweilte sich.

»Setz dich zu uns«, bat die Königin, während sie mit einer winzigen Nadel an einem Wandbehang stickte. Der König war in die neueste Ausgabe des Mittelalter-Kuriers vertieft.

»Sticken und eine 50 Jahre alte Zeitung«, schnaubte Isolde. »Wie langweilig! Jeden Sonntag das Gleiche: herumsitzen und später auch noch Kuchen essen. Ich hasse das süße Zeug«, beschwerte sie sich.

In diesem Moment hallte ein Schrei durch die Burg, gefolgt von einem Gebrüll, das die dicken Wände erzittern ließ.

»MA-MA-MAJESTÄT!« Schon wurden die Türen zum Thronsaal aufgestoßen. Der Hauptmann der Burgwache stürzte herein, hinter ihm drängelten sich der Hofnarr und der Mundschenk.

»Majestät, bi-bi-bitte schaut … im Garten …« Vor Angst schlotterten dem Hauptmann die Knie. »Aber mein Bester, was ist denn mit Euch los?«, fragte der König verwundert. Isolde stand längst am Fenster. Und dort …

… im Vorgarten, gleich hinter dem Burgtor war … »Ein Drache!«, rief Isolde verzückt. »Ungeheuerlich«, stöhnte die Königin und bedeckte die Augen. »Ein

Drache. Frisst meine Blumen!« Wieder brüllte der Drache so laut, dass allen die Ohren dröhnten.

»Nun«, räusperte sich der König. »Wozu hat man eine Burgwache? Leute, werft die Speere!« Der Hauptmann befahl die Wache auf den Balkon und gab das Kommando. Wie ein Regenguss prasselten die Speere los.

»Rrrrr«, räusperte sich nun der Drache, holte tief Luft und steckte die Speere mit seinem feurigen Atem in Brand.

»Die brennen ja wie Streichhölzer!«, rief Isolde. Der Drache trottete weiter. In wenigen Minuten fraß er die preisgekrönten Apfelbäume des Königs ratzekahl.

»Was machen wir nur?« Der König, die Königin, der Hauptmann und der Hofnarr rauften sich die Haare. Nur der Mundschenk nicht, er hatte eine Glatze.

Prinzessin Isolde schlich in den Burghof. Der Drache war jetzt so nah, dass sie ein Knurren hörte. »Das kommt aus dem Bauch«, flüsterte Isolde. Hatte der Drache etwa Hunger?

Da zog ein Duft durch die Burg bis hinunter in den Hof. *Den* Duft kannte Prinzessin Isolde. »Och, der blöde Kuchen ist fertig.« Auch der Drache schnupperte.

»Aha!«, sagte Prinzessin Isolde. Sie eilte in die Küche.

Kurz darauf kam sie mit einem riesigen Kuchen zurück. Der Koch protestierte. »Bleib zurück«, rief die Königin. Die Jagdhunde winselten besorgt.

»Papperlapapp!« Prinzessin Isolde stellte den Kuchen vor den Drachen hin. Der Drache schnaubte. Mit einem Happs schlang er den Kuchen hinunter. »Das ging schnell.« Prinzessin Isolde war beeindruckt. Der Drache rülpste. Dann hob er schwerfällig ab, setzte über die Burgmauer und flog zurück in die Berge.

Alle Burgbewohner jubelten. Nur der Koch guckte beleidigt.

»Gut gemacht!«, rief der König. »Du hast uns von dem Drachen befreit. Zum Dank darfst du dir etwas wünschen.« Prinzessin Isolde überlegte nicht lange.

»Schweinebraten«, sagte sie. »Ich hätte gern ein Stück Schweinebraten. Mit Knödeln.« Und so geschah es.

Eine Freude für Bauer Rübenbach

Eine Geschichte von Cordula und Rüdiger Paulsen
mit Bildern von Daniel Sohr

»Heute muss ich auf dem Feld arbeiten«, erklärt Bauer Rübenbach seinen Tieren. »Am Nachmittag bin ich zurück.« Der Bauer klettert auf seinen Trecker. »Aber keinen Unfug machen!«, mahnt er und knattert vom Hof.

Alle Tiere winken zum Abschied. »Sturmfreie Bude«, bellt Wachhund Bruno aufgeregt. »Aber wenn wir keinen Unfug machen dürfen, was machen wir dann?«, schnattert Gans Sabrina. »Wir machen eine Freude!«, erklärt Gerda Buntkuh. »Oh ja«, grunzt Elvira Borste. »Ich hab eine Idee!«

Alle folgen Elvira in den Schweinestall. »Wir backen einen Kuchen! Rübenkuchen für Bauer Rübenbach!«, sagt sie und zeigt auf einen großen Haufen Runkelrüben.

»Lieber Ha…ha…haferku…hu…chen«, wiehert Kuno aufgeregt. »Oder Mäusekranz im Marzipanmantel«, schlägt Mieze Tigerchen vor. Die Tiere reden wild durcheinander, bis Irmi Hühnchen dazwischengackert: »Kann denn jemand Kuchen backen?«

»Wir brauchen eine Anleitung«, beschließt Gerda Buntkuh.

Im Regal in der Küche finden sie ein Buch mit vielen Rezepten. »Hier steht was Tolles«, ruft Tigerchen. »Apfelkuchen! Wir müssen Eier, Milch, Mehl, Zucker und Äpfel besorgen.«

»Und auf jeden Fall Sahne«, fügt Gerda hinzu.

Irmi flitzt in den Hühnerstall. In ihrem Nest liegen nur zwei Eier. Schnell legt sie noch ein drittes. Das sollte reichen.

»Ich kümmere mich um Milch und Sahne«, sagt Gerda und stampft in die Milchkammer. Hier gibt es genug davon.

Mit Sabrina auf dem Rücken galoppiert Kuno in den Garten. Gut, dass die Gans ihren Hals so lang machen kann! Zusammen pflücken sie leckere Äpfel. Bruno schnappt sich einen Eimer und sprintet zum Kornspeicher, um Mehl holen. Aber oje! Die Tür ist zu! Bruno versucht sich unter ihr hindurchzuzwängen. Doch es klappt nicht. »Das is nix für dicke Hunde«, kichern die Mäuse Mieke und Elli.

»Ich brauche aber Mehl zum Kuchenbacken«, japst Bruno. Die Mäuse haben Mitleid. Geschwind klettern sie die Tür hinauf und springen auf die Klinke. Schon geht die Tür auf. »Bitte schön«, sagt Mieke. »Der Mehlsack steht gleich geradeaus!«

»Danke!«, sagt Bruno. Er füllt seinen Eimer und läuft zurück in die Küche.

Elvira rührt aus allen Zutaten einen leckeren Teig. Dabei kleckert sie ziemlich viel herum. Nach kurzer Zeit sieht es etwa so aus wie bei ihr im Schweinestall. »Egal«, grunzt Elvira. »Hauptsache, der Kuchen schmeckt!«

»Jetzt noch den Tisch decken«, schnurrt Tigerchen. Kuno möchte gerne ein gemütliches Picknick im Pferdestall machen. Sie breiten seine Pferdedecke auf dem Stroh aus. Darauf stellen sie das Geschirr und den duftenden Kuchen mit der Sahne. Kaum sind sie fertig, knattert der Trecker von Bauer Rübenbach wieder auf den Hof.

»Was ist denn hier passiert?!!«, ruft Bauer Rübenbach kurze Zeit später. »Ihr solltet doch keinen Unfug machen!« Erschrocken blickt er auf das Durcheinander in der Küche. Mitten auf einer dreckigen Schüssel hockt Irmi.

»Haben wir auch nicht«, gackert sie. »Komm mal mit!« Irmi führt Bauer Rübenbach in den Pferdestall.

»Wir haben dir eine Freude gemacht«, schnattert Sabrina, als die beiden den Stall betreten.

»Was für eine schöne Überraschung!«, ruft Bauer Rübenbach und hat sofort allen Ärger vergessen. Und dann machen sie ein gemütliches Kuchenpicknick.

Ringos rote Reisekutsche

Eine Geschichte von Ana Zabo
mit Bildern von Maria Karipidou

In Ringos Autowerkstatt war immer etwas los.

Deshalb war Hasi jeden Tag bei Ringo. Hier wechselte er Reifen, tauschte Zündkerzen aus und baute Lenkräder ein. »Das kann ich schon«, sagte Hasi oft. Fast alles kannte Hasi nun in Ringos Autowerkstatt: die Werkzeuge, die Hebebühne, das Ersatzteillager. Alles hatte er schon ausprobiert – nur eines nicht …

Hasi war noch nie mit Ringos roter Reisekutsche gefahren. Oft schlich er um das Auto herum und bewunderte die neuen Reifen, das schicke Lederlenkrad und die geblümten Autositze. Vielleicht hatte Ringo ja heute Lust auf einen Ausflug.

»Klaro, aber wohin?«, fragte Ringo. »Zur Autofähre«, schlug Hasi vor.

»Supi Idee«, meinte Ringo. »Ich kenne den Fährhund, Schlappi Schluff. Vielleicht laden wir ihn zum Picknick ein.«

Bevor sie losfuhren, prüfte Hasi noch den Reifendruck und den Ölstand. »Alles okay«, sagte er. »Haben wir den Ersatzreifen und den Wagenheber dabei?«, fragte Ringo. Hasi schaute nach. Der Ersatzreifen war da, der Wagenheber auch. Hasi sprang ins Auto.

Gemächlich tuckerte Ringos rote Reisekutsche über die Feldwege, dann über die Hügel. »Zieht gut am Berg«, stellte Hasi fest. Ringo nickte. »Ist ein guter Motor. Und warte mal, wenn wir gleich richtig Gas geben können: Dann zischt er ab wie eine Rakete.«

Vom letzten Hügel aus konnten sie die Autofähre sehen. Hasi wunderte sich: »Was ist denn da los?« Ein Mini-Bus versperrte den Weg. Zwei Kroko-Mädchen und ein Hund standen um ihn herum.

»Der Hund ist Schlappi Schluff«, sagte Ringo. »Da scheint was kaputt zu sein.«

»Vielleicht können wir helfen«, meinte Hasi. Sie rollten schwungvoll den Abhang hinunter. Dann sahen sie es: Der Bus hatte einen Platten.

Schlappi Schluff beklagte sich, dass die Mädchen den Verkehr aufhielten und die Fähre nicht ablegen konnte. Doch die Kroko-Mädchen hievten schon das Ersatzrad aus dem Bus. Hasi sagte: »Wir sind Autoschrauber, wir helfen euch.«

»Reifen wechseln können wir selbst«, erwiderte ein Kroko-Mädchen. »Aber wir haben keinen Wagenheber.«

»Nehmt meinen«, bot Hasi an. Er brachte den Wagenheber in Position und pumpte den Bus nach oben. »Prima«, sagten die Kroko-Mädchen. Sie schraubten nun das kaputte Rad ab.

Dann montierten die Mädchen das Ersatzrad und zogen die Radbolzen fest. Ringo sagte: »Ihr habt ja richtig Ahnung.«

»Tja«, grinsten sie. »Wir mögen Autos.«

Ein kleines bisschen fand Hasi das auch schade. Er hätte gern gezeigt, wie gut er Reifen wechseln konnte. So schaute er den Mädchen zu. Genau wie Ringo ihm manchmal zuschaute.

Kurz darauf rollten sie auf die Fähre. Schlappi Schluff legte ab. Hasi fragte die Mädchen nach ihren Namen. Sie hießen Kroko und Kriki. »Besucht uns doch mal in der Werkstatt«, schlug Ringo vor. »Au ja«, riefen sie.

Schon kamen sie am anderen Ufer an. Hasi und Ringo winkten den Mädchen und luden Schlappi Schluff zum Picknick ein. Dann endlich bretterten sie die Uferstraße entlang, volles Karacho! Die rote Reisekutsche hatte es wirklich in sich!

Sie parkten beim Wendeplatz und gingen hinunter zum Fluss. Schlappi Schluff spielte mit Hasi am Ufer. »Mannomann«, brummte er. »So einen schönen Tag hatte ich schon lange nicht mehr.«

Erst spät abends, mit eingeschalteten Scheinwerfern, kehrten Hasi und Ringo zur Werkstatt zurück. »Das war supi«, gähnte Hasi.

»Klaro«, lächelte Ringo und stellte den Motor ab.

In der Hamsterschule

Eine Geschichte von Cordula und Rüdiger Paulsen
mit Bildern von Ariane Camus

Der kleine Hamster Nickel ist aufgeregt. Heute ist sein erster Schultag. Sein Ranzen ist gepackt und Mama hat ihm ein leckeres Körnerbrötchen für die Pause gemacht. Draußen warten schon Nickels Freunde Wulle und Finchen.

Den Schulweg haben die drei schon oft geübt. Darum dürfen sie alleine gehen. »Bis heute Mittag«, sagt Mama, »und dass ihr mir schön artig seid!«

»Sind wir«, ruft Nickel. Dann laufen sie los, mitten durchs Kornfeld, bis auf die andere Seite.

Hamster wohnen in Tunneln und Höhlen und auch die Schule ist unter der Erde. Am Tunneleingang steht der Hausmeister, Herr Mummelbacke. »Immer schräg runter«, sagt er. »Dann kommt ihr direkt in die Klassenhöhle.«

Die Lehrerin Frau Hälmchen ist schon da und begrüßt die neuen Schülerinnen und Schüler. Alle suchen sich einen Platz und dann fängt der Unterricht an. »Zuerst möchte ich sehen, ob ihr eure Backen gut aufpusten könnt«, sagt Frau Hälmchen.

Die drei Hamsterkinder holen tief Luft und machen dicke Pustebacken. Jetzt sehen sie aus, als hätten sie Tennisbälle im Mund.

»Sehr gut«, lobt Frau Hälmchen. »So könnt ihr beim Futtersammeln viele Körner tragen.« Beim Luftrauslassen machen alle komische Geräusche und müssen lachen.

Dann geht der Unterricht draußen weiter. Auf dem Stundenplan steht Kornkunde. Die Lehrerin zeigt ihren Schülern Gerste, Weizen und Hafer und erklärt, wie man die Halme am besten umknickt, damit man die Körner sammeln kann.

Danach ist erst mal Pause. Finchen hat ihr Frühstück vergessen, aber Wulle und Nickel haben genug zu essen und teilen mit ihr.

»Jetzt dürft ihr rumtoben«, sagt Frau Hälmchen. »Aber lauft nicht so weit weg.«

»Wer kann die meisten Purzelbäume?«, ruft Wulle und legt sofort los. Er schafft fünf, aber so viele können Nickel und Finchen auch.

Am Ende der Pause entdeckt Nickel ein Loch am Feldrand. »Das ist eine Fluchtröhre«, erklärt Frau Hälmchen. »Wenn ihr auf Futtersuche seid und ein Feind auftaucht, zum Beispiel der Fuchs oder ein Falke, hüpft ihr schnell hinein und seid in Sicherheit.«

Plötzlich kommt Herr Mummelbacke angelaufen, schneidet wilde Grimassen und brüllt: »Ich bin ein gefährlicher Fuchs. Jetzt fress ich euch.« Nickel und Finchen hüpfen schnell in das Bodenloch.
Nur Wulle ist zu langsam.

Herr Mummelbacke erwischt ihn und lacht: »Na gut, dieses Mal fresse ich dich nicht.«

Zum Abschluss holt Frau Hälmchen ein großes Buch hervor. »Jetzt lese ich euch noch eine Geschichte vor.« In der Kuschelecke ist es im weichen Heu so gemütlich, dass die kleinen Hamster am liebsten noch mehr Geschichten hören möchten. Aber da ist er erste Schultag schon zu Ende.

»Bis morgen«, sagt Frau Hälmchen und winkt zum Abschied. Fröhlich laufen die drei Freunde nach Hause. »Schule macht Spaß«, lacht Finchen.

Das finden Nickel und Wulle auch. »Wir holen dich morgen früh wieder ab«, sagt Wulle, als sie an Nickels Zuhause ankommen.

Mama wartet schon mit dem Mittagessen. Stolz erzählt Nickel, was er alles gelernt hat. »Und heute Nachmittag«, sagt er, »buddle ich eine neue Fluchtröhre für unseren Bau. Davon kann man nie genug haben.«

Beste Fußballfreunde

Eine Geschichte von Martin Klein
mit Bildern von Markus Spang

Hamit und Niki winken sich aus den Fenstern ihrer Zimmer zu. Niki wohnt in der fünften Etage. Hamit wohnt ein Stockwerk höher, im Haus gegenüber. Zwischen den Häusern gibt es eine Wiese mit Spielgeräten. Sie ist Hamits und Nikis Lieblingsplatz. Oft sitzen sie einfach auf dem Dach vom Spielhaus und unterhalten sich.

Aber am liebsten spielen sie Fußball. Hamits und Nikis Platz ist ganz anders als der vom MSV, wo sie am Wochenende den Profis zuschauen. Auf ihrer Wiese ist das Schaukelgerüst das eine Tor und die mittlere Kletterstange das andere.

Hamit und Niki dribbeln um die Wippe herum wie um einen Torwart. Die Rutsche steht im Weg wie ein grätschender Riese. Hamit und Niki weichen ihr aus.

Ihr Spielfeld ist nicht durch Kreidelinien begrenzt. Es reicht an drei Seiten an Hauswände heran. Die vierte Seite grenzt an eine Straße.

Hamit und Niki spielen fair. Wenn Hamit Niki aus Versehen foult, hebt er die Hand und sagt: »Tut mir leid! Freistoß für dich.« Wenn ein Schuss von Hamit unhaltbar im Tor landet, ruft Niki: »Gratuliere! Das war eine Top-Bude!« Und wenn das Spiel vorbei ist, klatschen die Jungen einander ab.

Es gibt allerdings eine Frage, bei der sich die Freunde nicht einig sind: Ab wann ist der Ball im Aus? »Einwurf für mich!«, ruft Niki, wenn Hamit mit dem Ball zwischen den Häusern verschwindet. »Nee!«, ruft Hamit dann und rennt einfach weiter. Ein anderes Mal rennt Niki mit dem Ball bis auf die Straße. »Einwurf für mich!«, fordert Hamit. Niki grinst: »Nee, Spielstraße! Das Feld geht hier weiter!«

Heute ist wieder so ein Tag. Niki kickt den Ball über den Asphalt. »Aus!«, ruft Hamit. »Der Ball ist im Aus!« Ausnahmsweise erwidert Niki: »Na gut. Aber du musst ihn holen!« Er schießt den Ball noch weiter die Straße hinunter …

… und erschrickt: Da kommt ein Auto auf sie zu! Es sieht teuer aus und glänzt wie frisch gewienert. Das Auto bremst. Der Ball bremst nicht. BOING! Der Ball prallt gegen die Stoßstange.

Ein junger Mann springt aus dem Wagen. »Seid ihr verrückt, mitten auf der Straße Fußball zu spielen?!«, schimpft er.

»Das ist eine Spielstraße«, sagt Niki trotzig. Hamit stellt sich neben Niki und nickt.

»Erst gegen mein Auto schießen und dann noch frech werden!«, schimpft der junge Mann. »Das gibt Ärger!«

Hinter dem blitzenden Auto hält ein zweiter Wagen. Ein älterer Mann steigt aus. »Gibt's ein Problem?«

»Die beiden Bengel haben …«, beginnt der junge Mann. Dann verstummt er und starrt den anderen an. »Ich kenne Sie. Sie sind der Größte! Die Legende! Der Käpt'n! Sie sind Ennatz, der beste MSV-Spieler aller Zeiten.«

»Na ja.« Der ältere Mann lächelt. »Ronnie war auch nicht schlecht.«

Der junge Mann zieht ein Handy aus der Tasche. »Darf ich ein Selfie machen?«

»Wissen Sie denn auch, wie ich angefangen habe?«, fragt der Mann mit dem seltsamen Spitznamen zurück. Dabei zwinkert er Niki und Hamit zu.

»Na, bestimmt als Kind«, erwidert der junge Mann.

»Auf der Straße, mein Lieber!«, sagt Ennatz. »Viel Spaß noch!«

Er kickt den Ball locker gegen die Stoßstange des Wagens. Den Abpraller versenkt er aus vierzig Meter Entfernung im Winkel der mittleren Kletterstange. »Zurück auf den Acker, Jungs! Fußball auf der Straße gibt's schon lange nicht mehr!«

Oma Trudes Flaschengeist

Eine Geschichte von Rüdiger Paulsen
mit Bildern von Angela Glökler

Bei Oma Trude im Haus ist es sehr ordentlich. Jedes Ding hat seinen Platz und es ist immer sauber und aufgeräumt. Staub und Spinnweben sind nicht erlaubt.

Selbst im Keller ist alles blitzeblank. Alles? Oma Trude traut ihren Augen nicht. Im Regal, neben den Marmeladengläsern, steht eine seltsame Flasche. Die stand dort gestern noch nicht, da ist sich Oma Trude sicher. Und staubig ist sie auch – so zugestaubt, dass man nicht erkennen kann, was drin ist.

Sofort nimmt Oma Trude einen Putzlappen und wischt die Flasche sauber. »Der Staub muss hundert Jahre alt sein«, stöhnt sie. »Der geht ja kaum runter.«

»Fünfhundert Jahre«, hört sie plötzlich eine feine Stimme. »So lange bin ich schon hier drin.«

Vor Schreck fällt Oma Trude fast die Flasche aus der Hand. Und jetzt sieht sie es: In der staubigen Flasche hockt ein kleines, merkwürdiges Wesen. »Bist du ein Flaschengeist?«, fragt sie verwundert.

»Ja, genau«, tönt es dumpf, »und es wäre schön, wenn du mich befreien könntest.«

»Wie bist du denn in meinen Keller gekommen?«, will Oma Trude wissen.

»Keine Ahnung«, sagt der Flaschengeist. »Flaschengeisterflaschen tauchen immer plötzlich irgendwo auf. Flaschengeistergesetz!«

»Aha!«, staunt Oma Trude.

»Bitte«, sagt der Geist, »lass mich jetzt raus, ich brauche unbedingt frische Luft.« Dann gehen wir am besten auf die Terrasse, überlegt die Oma. Falls der riesengroß wird, ist mein Keller ein bisschen eng. Aber da hat sie sich getäuscht. Als die Flasche offen ist, schlüpft ein eher mickriger Geist heraus, nicht viel größer als die Flasche.

»Danke«, sagt der Flaschengeist. »Jetzt musst du mir drei Wünsche erfüllen.«

»Moment mal«, sagt Oma Trude. »Ich glaube, das geht genau andersherum. *Du* musst *mir* drei Wünsche erfüllen!«

»Nein, nein«, lacht der kleine Geist. »Du hast mich viel zu früh rausgelassen. Ich erfülle erst nach tausend Jahren Wünsche. Flaschengeistergesetz!«

»So, so«, sagt Oma Trude. »Und was wünschst du dir?«

»Zuerst eine große Schokoladentorte«, sagt der Flaschengeist. »Mit richtigen Schokoladenstückchen drin. Dann möchte ich eine Stunde in einer warmen Badewanne planschen, und mein dritter Wunsch ist ein Häuschen, in dem ich in Zukunft wohnen kann. Geht das?«

»Das sollte ich schaffen«, lacht Oma Trude. »Komm mal mit. Ich zeige dir das Badezimmer. Während du badest, kann ich schon mal die Torte backen.«

Nach dem Baden ist der kleine Flaschengeist sehr hungrig und verputzt vier Stücke von Oma Trudes Schokoladentorte. »Das war lecker«, sagt er. »Und jetzt erfüll mir bitte meinen letzten Wunsch!«

»Ich habe noch das Puppenhaus von meiner Tochter«, sagt Oma Trude. »Die ist schon lange groß und braucht es nicht mehr. Wenn du willst, kannst du darin wohnen.« Das lässt sich der Flaschengeist nicht zweimal sagen. Er zieht sofort ein. Oma Trude freut sich. Jetzt hat sie Gesellschaft und ist nicht mehr so allein. In die Geisterflasche steckt Oma Trude ihre schönsten Gartenblumen und stellt sie dem Flaschengeist ins Wohnzimmer.

»Immer schön Wasser nachgießen«, schmunzelt sie. »Altes Blumenvasengesetz!«

Ferien mit Pixi

Eine Geschichte von Simone Nettingsmeier
mit Bildern von Dorothea Tust

Ricky Waschbär hat heute schlechte Laune. Die ganze Zeit mault er herum. »Was hast du denn?«, fragt Pixi seinen Freund. »Ich will auch mal durch die Gegend ziehen und was Neues sehen«, nörgelt Ricky. »So wie Wilma Wildkatze!«

»Dann lass uns doch in die Ferien fahren!«, schlägt Pixi vor.

»Ja, yippie, wir machen Urlaub!«, jubelt Ricky Waschbär. Er rennt gleich los und sagt den anderen Bescheid. Kurz darauf stehen die Freunde vor Pixis Tür, voll bepackt mit allen möglichen Sachen.

»Wollt ihr verreisen oder umziehen?«, lacht Pixi.

»Verreisen!«, ruft Hase Langbein.

»Na, dann los!«, ruft Ricky Waschbär.

»Und wohin geht's?«, fragt Umbärto.

»Erst mal der Nase nach!«, meint Pixi und nimmt den nächsten Weg.

»Was für ein Spaß!«, freut sich Wilma Wildkatze und läuft schnell hinter den anderen her. Als die Freunde schon eine Weile gegangen sind, fällt Hase Langbein etwas ein.

»Pixi, wo schlafen wir denn?«, meint der Hase.

»Hmm, wir können uns ein Zelt bauen«, überlegt Pixi.

»Das wird eng«, befürchtet Umbärto.

»Und wenn es regnet?«, fragt Hase Langbein.

»Dann bauen wir uns eben ein Ferienhaus!«, ruft Ricky Waschbär und will gleich damit loslegen.

»Stopp«, lacht Pixi. »Das müssen wir gut planen. Schließlich wollen wir ja alle in das Ferienhaus hineinpassen.«

»Und es soll etwas Besonderes sein!«, meint Wilma Wildkatze und malt etwas in den Sand. Erst wissen die Freunde gar nicht, was Wilma zeichnet. Doch dann errät Pixi es.

»Das ist ja ein Baumhaus!«, ruft Pixi.

»Genau«, grinst Wilma Wildkatze. »Habt ihr den Baum da gesehen? Der wäre perfekt für unser Ferienhaus!« Die Freunde sind begeistert. Gemeinsam überlegen sie, was sie für den Hausbau brauchen. Dann laufen sie los, um Holz zu sammeln.

Pixi, Ricky und Wilma klettern in den Baum. Dort bauen sie zuerst eine Plattform zwischen die Äste, das wird der Boden vom Ferienhaus. Nach und nach entstehen auch die Wände. »Jetzt fehlt nur noch das Dach«, freut sich Wilma Wildkatze. Als es Abend wird, ist das Baumhaus fertig.

»Wir können einziehen!«, freut sich Pixi.

»Und wie sollen wir da hochkommen?«, fragt Umbärto. Er steht nämlich noch immer unten am Boden.

»Oh, wir haben die Leiter vergessen!«, lacht Wilma Wildkatze. »Warte, das haben wir gleich!«

Geschickt zimmert Wilma Wildkatze mit Ricky Waschbär eine Leiter zusammen. Die ist so stabil, dass sie sogar Umbärto trägt. »Jetzt bringen wir die Sachen rauf«, bestimmt Pixi. »Und dann geht's los mit den Ferien im Baumhaus!«

In den nächsten Tagen haben die Freunde viel Spaß mit ihrem Ferienhaus. Ricky hat sogar noch ein Seil darangeknotet. Zum Klettern, Schaukeln und Runterrutschen.

Doch eines Abends wird Hase Langbein plötzlich ganz still. »Was ist los?«, fragt ihn Pixi. »Bist du traurig?«

»Ich hab Heimweh«, jammert der Hase. »Na ja«, meint Pixi, »jeder Urlaub geht mal zu Ende. Dann gehen wir eben wieder nach Hause!«

»Und was wird aus unserem Baumhaus?«, fragt Ricky Waschbär.

»Ich könnte darin wohnen«, meint Wilma Wildkatze. »Wenn ich bei euch bleiben darf.«

»Du bleibst hier?«, fragen Ricky Waschbär, Umbärto und Hase Langbein gleichzeitig.

»Oh, wie schön!«, ruft Pixi. »Dann können wir für immer Freunde sein!«

Jule und Rosetta am Strand

Eine Geschichte von Cornelia Funke
mit Bildern von Angela Glökler

Jeden Morgen, wenn Jule mit ihren Eltern zum Strand kam, war das andere Mädchen schon da. Mit seiner ganzen Familie. Immer an derselben Stelle, gleich neben dem Strandcafé.

»Können die sich nicht mal woanders breitmachen?«, raunte Jules Vater am fünften Tag. »Wir gehen ja auch nie woanders hin«, sagte Jule und lächelte dem anderen Mädchen zu. Es grinste zurück. Ihm fehlte vorne ein Zahn, genau wie Jule.

»Du meine Güte, worüber reden diese Italiener bloß ständig?«, murmelte Jules Mutter, während sie sich eincremte. »Und dann in dieser Geschwindigkeit! Ein Wunder, dass sie nicht die eigene Zunge verschlucken.«

Jule schlenderte zum Wasser und watete hinein. Das Meer war warm und ganz glatt. Das fremde Mädchen ging ihr nach. Dann rannten sie zusammen tiefer ins Wasser und kicherten, wenn es ihnen gegen den Bauch klatschte.

Als sie genug davon hatten, setzten sie sich nebeneinander in den Sand und ließen das Meer an ihren sandigen Zehen lecken. Dann bauten sie eine Sandburg. Jule buddelte und Rosetta holte Wasser. Jule kannte den Namen ihrer neuen Freundin, weil die Großmutter immer »Roseeeettaaa!« über den Strand rief. Jule hätte gern mit ihr den Namen getauscht. Rosetta klang viel besser als Jule.

Wenn sie die Sandburg mit Muscheln verzierten, legte Jule Herzen und Rosetta kleine Blüten. Zum Schluss, wenn nicht eine Muschel mehr auf die Burg passte, grinsten sie sich an und sprangen mitten in ihr Kunstwerk.

Manchmal gab Rosettas Oma ihnen Kekse. Dann sorgte Jule für die Getränke. Mama behauptete zwar immer, dass sie kaum genug für sie drei dabeihatte. Aber wenn sie erst mal in ihrem Liegestuhl schlief, holte Jule die große Saftflasche aus ihrer Tasche. Dann teilte sie sich einen Becher schwesterlich mit Rosetta.

Am siebten Ferientag war Rosetta noch nicht da, als Jule an den Strand kam.

»Na bitte«, sagte Jules Vater. »Endlich kriegen wir mal den besten Platz.«

Jule suchte den ganzen Strand nach Rosetta ab. Zwei trostlos langweilige Stunden später kam sie. Aber diesmal war nicht ihre ganze Familie dabei, sondern nur ihre Großmutter. Schwer atmend ließ sie sich in einen Liegestuhl plumpsen und lächelte Jule zu.

45

Jule lief gleich ins Meer, aber Rosetta blieb am Strand stehen. Sie hielt Jule etwas hin, ein kleines Muschelarmband, durch das kaum Jules Hand passte. Dann drückte sie Jule einen kleinen gefalteten Zettel in die Hand.

»Was hast du da für einen Zettel?«, fragte Mama, als sie abends auf dem Hotelbalkon saßen. »Rosettas Adresse«, sagte Jule und strich den Zettel glatt. »Ich hab ihr meine auch aufgeschrieben. Rosetta ist nämlich weg.«

»Rosetta? War das das italienische Mädchen am Strand?«, fragte Papa. »Wie willst du der denn schreiben? Und woher weißt du, dass sie weg ist?«

Jule zuckte die Achseln. »Hat sie mir gesagt.«

Ihre Eltern guckten sich an. »Ach ja, wie habt ihr euch denn unterhalten?« fragte Papa spöttisch. »Auf Englisch?«

»Blödsinn.« Jule sah ihn ärgerlich an. »Rosetta hat Italienisch geredet und ich Deutsch. Italienisch kitzelt im Bauch, wenn man zuhört. Habt ihr das schon mal gemerkt?« Hatten sie nicht.

Als Jule nach Hause kam, steckte schon eine Postkarte von Rosetta im Briefkasten.

Vorne drauf war Venedig, und auf die Rückseite hatte Rosetta ein Herz aus Muscheln gezeichnet. Das hatte sie ziemlich gut hingekriegt, fand Jule.

Sie schickte Rosetta die allerallerschönste Karte, die sie von Hamburg finden konnte.

Auf die Rückseite schrieb sie: »Tanti saluti von Jule«, das hatte sie in Papas Reisewörterbuch nachgeguckt. Darunter zeichnete sie ihr Meerschwein, aber das kriegte sie nicht halb so gut hin wie Rosetta die Muscheln. Also guckte sie noch mal ins Wörterbuch und schrieb »porcellino« drunter – vorsichtshalber.

Ritter Grimmelbart

Eine Geschichte von Rüdiger Paulsen
mit Bildern von Eleonore Gerhaher

»So! Es reicht!« Ritter Grimmelbart steigt von seinem Pferd. »Immer diese schwere Rüstung tragen«, stöhnt er. »Drachen besiegen und Riesen vertreiben, ständig Räuber fangen und mit anderen Rittern kämpfen. Kein Wunder, dass mir der Rücken wehtut und ich überall blaue Flecken habe. Schluss damit! Ab heute werde ich vornehm. Das ist nicht so anstrengend.« Er stapft in den Rittersaal und plumpst müde in einen Sessel.

»Soll ich das Abendessen bringen?«, fragt die Köchin.

»Sie bringe mir, so soll es sein,
ein bisschen Suppe, Fleisch und Wein.
Die Abendsonne scheint noch schön,
ich speise heut auf dem Balkön.«

»Wie bitte?«, fragt die Köchin und schaut verwundert.

»Mich dürstet und mich hungert sehr,
sie bringe schnell das Essen her.«

»Äh? … Ja, äh … gut«, sagt die Köchin und läuft verwirrt in die Küche.

»Ich glaube, Grimmelbart ist krank«, sagt sie zum Gärtner Justus, der gerade einen Tee in der Burgküche trinkt. »Er redet so merkwürdig und will sein Abendbrot auf dem Balkon essen.«

»Lass mich das Tablett rausbringen«, sagt Justus. »Das will ich hören.«

Als Justus den Burgbalkon betritt, bleibt er verblüfft stehen. Grimmelbart hat sich einen Samtvorhang umgehängt und trägt rote Glitzerpantoffeln.

»Was schaut er denn so sonderlich?

Erkennt er seinen Ritter nicht?

Er stelle das Tablett hierher,

wenn es nicht reicht, bring er noch mehr.«

»Warum redest du so komisch?«, fragt Justus.

»Das ist nicht komisch«, antwortet der Ritter. »Das ist vornehm!«

»Du hast recht«, sagt Justus zur Köchin, die gerade mit einem Korb Feuerholz über den Flur kommt. »Gesund ist er nicht. Ich glaube, er hat einen Knall. Am besten legst du ihm eine Wärmflasche ins Bett. Vielleicht hilft das.«

Nach dem Essen geht Grimmelbart schlafen.

»Wohl denn, die Flasche wärmt die Kissen,

da werde ich nicht frieren müssen«,

murmelt er vor sich hin, krabbelt unter die Decke und schläft sofort ein.

Am nächsten Morgen begibt er sich auf den Burgturm. »Guten Morgen«, ruft der Stallmeister von unten.

»Seid auch gegrüßt, mein Pferdemeister,

mich dünkt, mein Gaul wird immer dreister.

So bringe er ihm Anstand bei,

auf dass er künftig friedlich sei.«

»Waaas?«, ruft der Stallmeister zurück. Aber Grimmelbart tippelt schon wieder vornehm die Wendeltreppe hinunter. An der Waffenkammer bleibt er stehen.

»Jetzt schaue ich, das muss so sein,
mal kurz ins Waffenkämmerlein.
Was seh ich da! Das ist unmöglich!
Die Unordnung ist nicht erträglich.«

»Unser Herr ist verrückt geworden«, sagt der Waffenschmied.

»Möglicherweise ist er vom Pferd gefallen«, vermutet der Stallmeister.

»Oder er hat etwas Falsches gegessen«, sagt Justus.

»Auf keinen Fall«, empört sich die Köchin. »Ich koche nur das Beste.«

Von Tag zu Tag wird Ritter Grimmelbart vornehmer. Er zieht sich nicht mehr alleine an, lässt sich füttern, damit seine Finger nicht schmutzig werden, und verspritzt Parfüm im Pferdestall, damit es besser riecht. Es muss immerzu geputzt werden, weil Staub und Spinnweben überhaupt nicht vornehm sind. So geht es eine ganze Woche.

Vornehmsein ist aber auch ziemlich anstrengend, stellt Grimmelbart eines Morgens fest. Und langweilig! Seine blauen Flecken sind längst verschwunden und sein Rücken tut nicht mehr weh. »Es reicht!«, ruft er erleichtert. »Stallmeister! Sattel mein Pferd. Ich will einen Drachen besiegen.« Er steigt in seine Rüstung, schnallt sich das Schwert um und reitet im Galopp aus der Burg.

Zufrieden kehrt er am Abend zurück. Die Köchin hat im Burghof ein großes Festmahl bereitet. Sie feiern bis spät in die Nacht. Dabei geht es wild und fröhlich zu und überhaupt nicht vornehm.

Traumschuhe für Lilian

Eine Geschichte von Isabel Abedi
mit Bildern von Susanne Straßer

Eines taubengrauen Tages ging Lilian mit ihrem Großvater Schuhe kaufen. Das heißt, eigentlich ging der Großvater mit Lilian Schuhe kaufen, denn sie war es, die neue Schuhe brauchte. Großvater kannte den außergewöhnlichsten Schuhladen der ganzen Stadt. Der Laden war nicht weit von Lilians Haus entfernt, aber er war ihr noch nie aufgefallen. Vielleicht weil er außergewöhnlich klein war. Um nicht zu sagen, winzig. Wie der Verkäufer, der hinter seiner Zeitung saß.

»Wir möchten gerne Schuhe kaufen«, sagte der Großvater. »Und zwar für mich«, sagte Lilian. Der Verkäufer zeigte auf ein Regal mit Kinderschuhen.

»Also dann«, sagte der Großvater, »fang mal an zu probieren.«

Zuerst probierte Lilian ein Paar Schneeschuhe. Sie sahen etwas eng aus, aber sie glänzten geheimnisvoll. Lilian knöpfte sie zu und stand auf. Etwas kitzelte auf ihrer Nasenspitze. Etwas Kaltes, Luftigleichtes, Wunderbarweiches. Es war eine Schneeflocke. Als sie sich umsah, war aus dem Schuhladen eine glitzernde Schneelandschaft geworden.

Lilian bekam riesige Lust zu rodeln. 17 Mal sauste sie den steilen Berg hinunter und stiefelte wieder hinauf.

Dann taten ihr die Füße weh, denn die Schneeschuhe spannten an den Fersen. Und irgendwas fehlt auch, dachte Lilian. Als sie die Stiefel auszog, hörte es augenblicklich zu schneien auf.

Lilian stand wieder in dem kleinen Laden. Der Großvater war eingeschlafen. Aber was war das? Ganz links im Regal stand ein Paar goldene Ballerinas. Sie waren ein wenig zu klein, aber sie funkelten so wunderbar. Als Lilian die Bänder zuschnürte, ertönte eine märchenhafte Melodie. Und der Schuhladen war zu einem prächtigen Ballsaal geworden.

Lilian bekam riesige Lust zu tanzen. Sie drehte sich und drehte sich, schneller und schneller, als könnte sie fliegen. Dann wurde ihr schwindelig. Außerdem drückten die Schuhe gegen ihren großen Zeh. Irgendetwas fehlt auch, dachte Lilian. Als sie die Bänder aufzog, verstummte die Musik.

Der Großvater hatte laut zu schnarchen begonnen.

Lilian beschloss, ein weiteres Paar Schuhe zu probieren.

Die grünen Gummistiefel dort in der Ecke. Sie waren ein wenig zu weit, aber sie leuchteten so saftig. Als Lilian hineinstieg, fing es an zu regnen. Sie stand mitten im Regenwald! Und sie bekam riesige Lust, durch den Wald zu stapfen.

Die Tropfen prasselten und rasselten, sie platschten und sie klatschten. Lilian hüpfte durch die Pfützen, bis ihr Herz noch lauter trommelte als der Regen. Dann wurde es ihr zu nass. Außerdem rutschten ihre Füße in den Stiefeln. Und irgendetwas fehlt, dachte Lilian.

Sie tauschte die Gummistiefel gegen orange Flipflops. Die waren ein wenig zu kurz, aber sie strahlten so hell. Mit den Flipflops kam die Sonne. Und mit der Sonne ein Meeresstrand. Lilian baute eine Sandburg und schmückte sie mit Muscheln und einem roten Seestern.

Dann wurde es ihr zu heiß. Die Flipflops zwickten zwischen den Zehen. Und irgend-etwas fehlt, dachte sie.

Im Schuhladen schnarchte der Großvater so laut, dass die Wände wackelten. Es wurde langsam Zeit, passende Schuhe zu finden. Die braunen Cowboystiefel? Die bunten Mokassins? Die roten Sandalen? Rot war Lilians Lieblingsfarbe. Die Sandalen passten ihr wie angegossen. Als Lilian mit beiden Füßen auf dem Boden stand, passierte nichts. Lilian staunte. Sie schabte mit den Sandalen über den Teppich und stampfte mit dem Fuß auf. Da klopfte es am Fenster.

Und auf einmal wusste Lilian, was ihr die ganze Zeit gefehlt hatte. Draußen standen ihre Freunde Max und Ali und Sofia.

Sie winkten ihr zu, fuchtelten mit den Händen und rollten mit den Augen. Das hieß, dass draußen irgendetwas Aufregendes wartete.

Was für ein Glück, dass Lilian ihre Schuhe gefunden hatte!

»Ich koooomme«, rief sie. Da wurde der Großvater wach und der Verkäufer kicherte. Jetzt aber schnell bezahlen! Die Sonne war nämlich gerade hinter einer taubengrauen Wolke hervorgekommen.

Erste Hilfe bei Hexenschuss

Eine Geschichte von Antonia Winterhalder
mit Bildern von Markus Zöller

»Wo bleibt der Bauer nur mit dem Futter?«, meckert Stella, die Ziege. Der sonst so lustigen Stella knurrt der Magen. Seit einer Stunde wartet sie schon auf das Abendessen. Esel Aischos kann auch ein paar Rübenschnitzel und Hafer vertragen. Er spitzt die Ohren – es bleibt ruhig. Kuh Karla knabbert an Gartenkräutern. »Gehen wir nachschauen«, sagt Aischos schließlich.

Vor dem Fenster mit den Narzissen bleiben die drei stehen. Alle machen lange Hälse und schauen, ob sie Bauer Gabriel im Haus sehen können. Tatsächlich! Hinten auf dem Sofa liegt er und hält die Beine in die Luft.

Stella öffnet die Haustür. Kaum drinnen, ruft Karla besorgt: »Bauer Gabriel, bist du krank?«

»Ich habe einen Hexenschuss«, stöhnt Gabriel.

»Hexenschuss!«, rufen die drei erschrocken. Eine schießende Hexe ist keine Kleinigkeit!

»Lieber Bauer, auf die Hexe sind wir sauer«, sagt Karla feierlich.

»Aber nein«, versucht Bauer

Gabriel zu erklären. »Keine Hexe. Ich brauche einen Arzt! Mein Handy liegt auf dem Küchentisch.«

Schon hat Stella es sich geschnappt. »Wen rufen wir an?«, fragt sie in die Runde. Aischos sagt: »Nummer 110: Polizei! Nummer 112: Feuerwehr und Notarzt!«

»Nein!«, ruft Bauer Gabriel erschrocken. »Halt, stopp, nein! Das ist doch nicht lebensgefährlich – also nichts für Feuerwehr und Polizei.«

»Nein?« fragen Stella und Aischos gleichzeitig. »Bereitschaftsdienst? Nummer 116 117?«, fragt Karla schnell.

»Nur, wenn Dr. Heil nicht da ist – gebt mir das Handy!«

Aischos überlegt. Das mit dem Hexenschuss ist seltsam: Seit wann schießen Hexen? Die haben doch keine Pistolen. Ihm fällt etwas ein: »Bauer Gabriel hat einen Schock bekommen«, erklärt er.

Gabriel tippt eine Nummer ein. Es dauert ein paar Sekunden, dann meldet sich Dr. Heil. »Dr. Heil, wie gut, dass Sie noch da sind«, beginnt Gabriel. »Ich glaube, ich habe einen Hexenschuss.« Gespannt hören Aischos, Stella und Karla zu.

»Wo sind Sie?«, fragt Dr. Heil. »Wie ist es passiert?«

»Als ich mich bückte, ist mir plötzlich ein Schmerz in den Rücken geschossen.« Dr. Heil fragt, ob Gabriel sich bewegen kann. Am Ende sagt er: »Wenn es wirklich nur ein Hexenschuss ist, sollte der Schmerz bald nachlassen. Salbe hilft. Aber ich komme lieber vorbei und untersuche Sie.«

»Vielen Dank«, murmelt Gabriel.

Aischos, Stella und Karla laufen ans Gartentor und warten. Als Dr. Heil endlich kommt, begleiten sie ihn an die Haustür und postieren sich vor dem offenen Fenster.

Sie beobachten, wie der Arzt Gabriel abtastet und fragt: »Schmerzt es hier? Und hier?« Jetzt sehen sie – Schreck, lass nach! – eine Spritze. Alle drei müssen die Augen schließen. Als Nächstes reibt der Arzt eine Salbe auf Gabriels Rücken.

Am Schluss versucht Gabriel vorsichtig aufzustehen. Es klappt. »Na prima«, sagt der Arzt und reicht Gabriel die Hand. »Am besten bewegen, nicht liegen.«

Draußen staunen Aischos, Stella und Karla. Das ging schnell mit dem Aufstehen und Laufen, finden sie.

»Es war nur ein Hexenschuss«, sagt Bauer Gabriel.

»Ach so. Ist also nur halb so schlimm, wie es klingt«, nickt Aischos.

»Ich hab mich vielleicht erschrocken«, plappert Karla.

»Ich mich auch«, grinst Gabriel – und ist wieder guter Laune. »Danke für eure Hilfe! Und jetzt: Abendessen für alle!« Gabriel klatscht in die Hände und nimmt die Schubkarre.

Mimi und der Wunderkern

Erzählt und illustriert von Miriam Cordes

Heute ist kein schöner Tag, findet Mimi. Draußen ist es kalt und grau. Teddy hat Fieber. Hase hat Husten. Mimi seufzt sorgenvoll. Aber da kommt Papa zur Tür herein. Er macht ein geheimnisvolles Gesicht.

»Hallo, Mimi-Herzchen«, sagt er. »Denk mal, ich habe eine Überraschung für dich.« Mimi springt begeistert auf.

»Welche Hand?«, fragt Papa und streckt ihr seine beiden Fäuste entgegen.

»Die!«, sagt Mimi und zeigt auf Papas linke Hand.

»Gut gemacht!«, lacht Papa und öffnet sie. Auf seinem Handteller liegt ein kleines grauweißes Ding. »Was ist denn das?«, fragt Mimi ratlos.

»Das«, raunt Papa und beugt sich ganz dicht vor Mimis Gesicht, »das ist ein Wunderkern. Wenn du ihn einpflanzt, wirst du staunen!«

Mimi saust sofort los. Sie füllt einen Blumentopf mit Erde. Den Kern bettet sie vorsichtig hinein. Jetzt wohnt er gemütlich mittendrin. Damit er es auch richtig gut hat, gibt sie ihm noch ein wenig Wasser. Dann stellt sie den Topf auf die Fensterbank. Dort ist es hell und warm. Hase und Teddy geht es schon viel besser. Mimi setzt sie neben den Topf, zur Gesellschaft.

Jeden Morgen schaut sie als Erstes nach, ob schon etwas geschehen ist. Aber auch nach viermal Schlafen ist immer noch nichts zu sehen.

»Was ist denn jetzt mit dem Wunder?«, brummelt Mimi. Hase und Teddy sind auch schon ungeduldig.

Aber dann! Plötzlich! Am siebten Morgen sieht sie es! Aus der Erde schauen zwei winzige Blättchen hervor.

»Das Wunder ist da!«, ruft Mimi aufgeregt. »Hase, Teddy, habt ihr das gesehen?« Begeistert hüpft sie durch ihr Zimmer. Atemlos beugt sie sich über das Pflänzchen. »Ich werde dich Grünchen nennen«, flüstert sie.

Jetzt, wo Grünchen einmal beschlossen hat zu wachsen, hört es gar nicht mehr auf. Es wächst und wächst und wächst. Bald ist der Topf zu klein geworden. Mimi pflanzt Grünchen in den Garten. Da hat es genug Platz.

Im Sommer hat Mimi Geburtstag. Und obwohl Grünchen viel jünger ist, ist es schon viel größer als sie – und hat eine Blüte bekommen! Eine Blüte, fast so groß und so schön wie die Sonne, findet Mimi.

Sie feiert ein Grünchen-Wunder-Sonnenfest.

Die Kinder tanzen um die Blume herum. »Hoch wie Grünchen soll sie leben!«, singen sie. Und: »Es grünt so grün, wenn alle Grünchen blühn!«

Als die Tage kälter werden, passiert etwas Trauriges.

Grünchens Blütenblätter, die aussahen wie kleine Sonnenstrahlen, werden plötzlich braun und trocken. »Sei nicht traurig«, sagt Mama. »Grünchen ist noch lange nicht fertig damit, ein Wunder zu sein. Schau!« Sie zeigt Mimi den Blütenkopf. Mimi staunt: Von nahem sieht er aus wie ein weiches Kissen. Und auf dem Kissen sitzen viele, viele kleine Kerne. Mehr, als Mimi zählen kann. Sie sehen genauso aus wie der, aus dem Grünchen gewachsen ist. »Lauter Wunderkerne!«, freut sich Mimi. »Genau!«, sagt Mama. »Damit können wir viele tolle Sachen machen!«

Mimi hat mit Mama alle Kerne gesammelt. Mama teilt sie in drei Häufchen und gibt Mimi drei Papiertüten. »Das werden Wundertüten«, erklärt Mimi für Teddy und Hase. Auf die erste Tüte malt Mimi einen Vogel, auf die nächste eine Kuchenform und auf die letzte viele kleine Sonnen.

Die erste Wundertüte ist für Vogelfutter. Da freuen sich die Vögel im Winter. Die zweite Tüte ist für die Kerne, die Mama und Mimi geknackt haben. Daraus backen sie köstliche Wunderkern-Schokoladenkekse. Da freut sich auch Papa. Und die Kerne in der dritten Tüte?

»Daraus pflanze ich im Frühjahr viele neue Grünchen«, schmatzt Mimi. »Und dann pflanze ich auch noch Schokolade!« Da muss Mama lachen. Weißt du, warum?

Pixi rettet das Baumhaus

Eine Geschichte von Simone Nettingsmeier
mit Bildern von Dorothea Tust

Ricky Waschbär übt mit seinem Lasso. Geschickt lässt er es über seinem Kopf kreisen. »Schau mal, Pixi«, ruft Ricky. »Wetten, dass ich den Baum da vorne treffen kann?« Das Seil saust durch die Luft und schlingt sich um den Baumstamm.

»Toll!«, staunt Pixi.

»Auf dem Seil kann man sogar laufen!«, erklärt Ricky und zurrt das Lasso zwischen zwei Bäumen fest. »Dann können wir doch einen Wettbewerb machen«, ruft Pixi. »Wer am längsten auf dem Seil balancieren kann!«

»Ja, damit locken wir auch Wilma Wildkatze aus ihrem Baumhaus!«, lacht Ricky. Schnell holen die beiden ihre Freunde.

Hinter einem Baum hat der graue Fuchs alles mit angehört. »Hehe«, lacht er böse. »Wenn hier gleich alle üben, ziehe ich in das tolle Baumhaus ein.« Der Fuchs wartet, bis Pixi und seine Freunde versammelt sind. Dann schleicht er davon.

Wilma Wildkatze fühlt sich auf dem Seil richtig wohl. Leichtfüßig läuft sie darauf hin und her.

»Jetzt ist Umbärto dran«, sagt Pixi. Aber als der Bär seine Pfoten auf das Lasso setzt, hängt es bis zum Boden durch.

»Wir müssen das Seil fester spannen«, meint Ricky.

»Ja, ich hole Werkzeug aus dem Baumhaus!«, sagt Wilma und läuft los.

Doch in null Komma nichts ist Wilma wieder da. »Pixi!«, ruft sie atemlos. »Der graue Fuchs hat sich im Baumhaus verschanzt, in meinem Zuhause!«

»Was?!«, ruft Ricky.

»Kommt, das schauen wir uns aus der Nähe an«, sagt Pixi. »Bestimmt fällt uns etwas ein, wie wir den Fuchs vertreiben können.«

Als die Freunde beim Baumhaus ankommen, lacht sich der graue Fuchs ins Fäustchen. Er hat die Leiter hochgezogen, damit niemand zu ihm nach oben kommen kann. »Ach, ist das schön hier!«, säuselt der Fuchs zufrieden. »Das Baumhaus gebe ich nie wieder her.«

»Das werden wir ja sehen!«, schimpft Wilma Wildkatze. Doch Pixi ruft sie beiseite, denn er hat eine Idee. Die Freunde beraten sich leise, dann laufen alle los: Ricky holt sein Lasso, Pixi ein paar Kissen. Und Umbärto schleppt eine dicke Decke herbei.

»Baut ihr euch da ein Bettenlager?«, höhnt der graue Fuchs.

»Klar!«, sagt Pixi. »Wir belagern dich!« Während Pixi den Fuchs ablenkt, klettern Wilma und Ricky unbemerkt in einen nahen Baum. Von dort schwingt Ricky das Lasso zur Rückseite des Balkons.

Als das Seil fest sitzt, balancieren die beiden zum Baumhaus hinüber. Wilma Wildkatze schleicht sich von hinten an den grauen Fuchs heran.

»Buh!«, ruft sie laut in sein Ohr. Der Fuchs stolpert vor Schreck und fällt um. Ricky Waschbär lässt schnell die Leiter wieder hinunter.

Pixi und seine Freunde klettern hinauf. Sie machen sich im Baumhaus richtig breit: Umbärto streckt seinen dicken Bauch hervor. Pixi fährt die Ellenbogen aus. Und Erich Igel rollt sich zu einer stacheligen Kugel zusammen.

»Au, das pikt!«, jammert der Fuchs. »Lasst mich raus, ich will nach Hause. Da ist es viel schöner!«

»Juhu, wir haben das Baumhaus befreit!«, jubeln Pixi und seine Freunde. »Jetzt kannst du wieder einziehen, Wilma«, sagt Umbärto.

»Auf jeden Fall!«, meint die Wildkatze. »Und passt mal auf, wie ich jetzt allen zeige, dass es mein Baumhaus ist!« Wilma Wildkatze huscht hinein und kommt mit einem großen Farbeimer wieder heraus.

»Rot ist meine Lieblingsfarbe«, erklärt sie. »Damit male ich mein Baumhaus an. Dann traut sich keiner mehr, es mir wegzunehmen.«

»Wir helfen dir!«, lacht Pixi und verteilt Pinsel an die Freunde.

So nimmt dieser abenteuerliche Tag noch ein buntes Ende.

Prinzessin Lilly Werkel

Eine Geschichte von Ruth Gellersen
mit Bildern von Franziska Harvey

Der königliche Musiklehrer war sehr zufrieden: Alle Prinzessinnen spielten höchst aufmerksam auf ihren Instrumenten. Nur Prinzessin Lilly in der letzten Reihe nicht. Sie schraubte heimlich an ihrer Trompete herum. »Das haben wir gleich«, murmelte sie.

Im Handarbeitsunterricht stickten alle Prinzessinnen Blumen und Einhörner und geflügelte Löwen. Nur Prinzessin Lilly nicht. Sie stickte einen Hammer auf ihr Taschentuch. »Muss das denn sein?«, fragte die oberste Hofdame vorwurfsvoll. Lilly lächelte vergnügt.

»Wie es hier wieder aussieht!«, rief die Königin, als sie später in Lillys Zimmer kam. Prinzessin Lilly war die Unordnung egal. Sie fühlte sich in ihrem Reich pudelwohl.

In der Schlossküche tropfte der Wasserhahn. Kein Problem für Lilly! Schon eilte sie mit ihrem Werkzeugkoffer herbei. Als sie den Hahn gerade repariert hatte, kam der Haushofmeister und scheuchte sie weg. »Das ist doch keine Arbeit für eine Prinzessin!«, schnaufte er entrüstet.

Zum Glück wartete schon die nächste Baustelle auf Lilly. Die königliche Kutsche hatte ein Rad verloren.

»Zufällig habe ich ein Ersatzrad zur Hand«, strahlte Prinzessin Lilly und werkelte gleich los.

Fast fertig! Lilly musste nur noch zwei Schrauben festziehen. Doch der Stallobermeister schob sie zur Seite. »Eine Prinzessin kann nicht so eine Arbeit verrichten! Was sollen denn die Leute sagen?«

Prinzessin Lilly stampfte mit dem Fuß auf. »So ein Blödsinn!«, brüllte sie und verkrümelte sich beleidigt auf ihr Zimmer.

Da zog ein grauenvoller Gestank durchs Schloss. Der Abfluss der Toilette war verstopft. Im Nu stand die Jauche in der Eingangshalle. Einer nach dem anderen versuchte sein Glück, doch niemand konnte den Schaden beheben. Schließlich rief der König verzweifelt: »Lilly, du bist doch so geschickt, rette uns!«

»Ph«, machte Lilly und wendete sich ab.

»Liebste Lilly, nur du kannst uns jetzt noch helfen«, flehte die Königin.

»Hm«, machte Lilly und schlenderte in ihr Zimmer.

Kurz darauf stapfte sie doch in den Keller. »Ich wette, hier liegt das Problem.« Vorsichtig watete sie durch die trübe Brühe. Zum Glück hatte sie an Gummistiefel gedacht. Mit jedem Schritt wurde es unheimlicher. Und dann ging auch noch die Fackel aus. »Oh nein!«, stöhnte Lilly. »Wie finde ich jetzt bloß das verflixte Abflussrohr?«

Am liebsten wäre sie auf der Stelle umgekehrt. Doch dann gab sie sich einen Ruck. Eine Prinzessin gibt nicht auf! Und tatsächlich: Nur wenige Schritte weiter machte sie eine Entdeckung. »Hier ist es!«, jubelte Lilly und packte ihr Werkzeug aus.

Nach einer ganzen Weile kam Lilly in die Halle zurück. Ziemlich verdreckt und ziemlich müde. »Das Schloss ist gerettet«, verkündete sie stolz.

Alle brachen in Jubelschreie aus. »Hoch lebe unsere geschickte Prinzessin!«, jauchzten sie.

Von nun an durfte Prinzessin Lilly jederzeit herumwerkeln. Niemand redete ihr mehr rein.

Pauls Kuschelkissen

Eine Geschichte von Rüdiger Paulsen
mit Bildern von Sabine Legien

Die Nachbarskinder Paul und Ella sind die besten Freunde. Morgens gehen sie zusammen in den Kindergarten und nachmittags spielen sie oft zusammen. Manchmal übernachten sie auch beieinander.

Letzte Woche hat Ella Paul sogar ihr neues Fußballtrikot geliehen. Extra für das Spiel, das Paul mit Papa besucht hat.

Heute möchte sich Ella dafür auch etwas Besonderes ausleihen: Pauls Drachen-Kuschelkissen!

Oha! Paul zögert. Er möchte Ella den Wunsch nicht abschlagen. Sie ist doch seine Freundin! Aber sein liebstes Drachen-Kuschelkissen? Paul weiß überhaupt nicht, was er sagen soll.

»Nur bis morgen«, bettelt Ella.

Schließlich quetscht sich ein »Na gut« durch Pauls Lippen. Ohne das Kuschelkissen kann Paul nicht träumen. Und schlafen, ohne zu träumen, ist überhaupt nicht schön. Letzte Nacht hat Paul vom Zauberwunderland geträumt, wo er mit einem Drachen geflogen ist. Da muss er unbedingt wieder hin. Heute Nacht! Der Drache wartet schon auf ihn.

Nachdem Ella nach Hause gegangen ist, weiß Paul überhaupt nicht, wie ihm zumute ist: Traurig? Ärgerlich? Oder vielleicht sogar wütend? Auf jeden Fall verzweifelt. Er hätte sein Kuschelkissen nicht verleihen sollen. Dann kullert eine Träne. Gern wäre Paul so stark wie Mama.

Aber jetzt muss er doch ein bisschen weinen.

»Sei nicht traurig«, sagen Löwe und Hörnchen. »Du kannst doch mit uns kuscheln.« Paul mag die beiden sehr, aber das Kuschelkissen aus dem weichen Stoff, das Mama genau nach seinen Wünschen genäht hat, können sie nicht ersetzen.

»Komm«, sagt Löwe, »wir bauen Türme.« Er holt die Kiste mit den Bauklötzen und fängt an. Aber Türme zu bauen kann Paul sich gerade gar nicht vorstellen.

»Schatzsuche«, schnattert Hörnchen. »Ich bin der Schatz und du musst mich finden.«

»Ach nee«, sagt Paul ganz leise. »Suchen ist doof.« In Pauls Kinderzimmer wird alles grau. Mausegrau mit Nebel.

Paul geht in den Garten und setzt sich auf die Schaukel. Aber das hilft auch nicht. »Du siehst traurig aus«, sagt Mama am Fenster.

»Bin ich auch«, seufzt Paul. »Und das dauert bis morgen. Hab Ella mein Kuschelkissen ausgeliehen.«

»Das war großzügig von dir«, sagt Mama. Dann überlegt sie einen Moment. »Komm, komm, Paul.«

Paul trottet über den Rasen und verpasst dem alten Fußball einen Tritt. Mist, der Ball verschwindet im Gebüsch. Jetzt muss er auch noch den Ball suchen.

Mama telefoniert gerade, als Paul ins Haus kommt. »Vielen Dank«, sagt sie ins Telefon. Dann streicht sie Paul übers Haar. Kurz darauf läutet die Türglocke. »Mach auf!«, sagt Mama. Paul sieht sie fragend an. »Ja, mach auf!«

Paul schlurft zur Tür und öffnet. Da steht Ella. Mit dem Kuschelkissen!

»Hier! Kannste wiederhaben«, strahlt sie. »Ich darf heute bei dir übernachten.« Da strahlt Paul auch.

»Hallo, Ella«, sagt Pauls Mama und lächelt. »Möchtest du etwas trinken?« Ella schüttelt den Kopf.

Paul fragt: »Können wir noch draußen spielen?«

Mama nickt. »Aber seid zum Abendessen zurück.«

Später am Abend liest Papa eine Geschichte vor. Paul teilt sein Kuschelkissen mit Ella, Löwe und Hörnchen. Danach schlafen sie ein und Paul träumt endlich wieder … vom Zauberwunderland.

Ponyherz
Besuch vom Bauernhof

Eine Geschichte von Usch Luhn
mit Bildern von Franziska Harvey

Es ist ein warmer Sommernachmittag. Anni und Lorenz wollen heute zelten. »Ich freu mich, ich freu mich!«, singt Anni. Sie hüpft wie ein Flummi über die Kuhweide. »Lorenz! Trödle doch nicht so!« Anni fuchtelt mit der Isomatte durch die Luft. Ein Schmetterling flüchtet eilig vor ihr.

»Nicht so schnell!«, keucht Lorenz. Er schleppt schwer an seinem Rucksack. Schließlich bleibt er stehen und wischt sich die Stirn. Muhh! Ein Kälbchen nähert sich furchtlos. Es leckt mit seiner Zunge über den Rucksack. »Unser Aprikosenkuchen!«, ruft Anni. »Pass auf, dass das Kälbchen nicht darankommt.«

Lorenz lacht. »Kälber mögen doch nichts Süßes.«

Endlich sind sie auf der Blumenwiese. Zwischen den Kamillenblüten bauen sie das Zelt auf. Das geht ruckzuck. Lorenz kennt sich super aus. Plötzlich wiehert es ganz in der Nähe. »Ponyherz!«, ruft Anni. Anni und das Wildpferd sind beste Freunde. Sooft es geht, besucht Anni das Pony.

Anni schwingt sich auf Ponyherz' Rücken. Gemeinsam preschen sie durch das hohe Gras. Juchhuu! Lorenz spannt noch die Sturmleinen.

Toben macht durstig. Ponyherz erfrischt sich am Bach und Anni holt den Proviant aus dem Rucksack. Neugierig schnuppert das Wildpferd am Kuchen. Schnell zaubert Lorenz drei Äpfel aus dem Beutel. »Guten Appetit, Ponyherz!«

»Jetzt schmücken wir das Zelt«, bestimmt Anni. Sie pflückt Kamillen, Mohn und Kornblumen und flicht einen bunten Blumenkranz. »Ich mache eine Girlande aus Butterblumen«, sagt Lorenz. »Hey, Ponyherz. Pflück dir deinen Nachtisch selber!«, schimpft er, als Ponyherz nach den Blumen schnappt.

Der Tag ist vergangen wie im Flug. »Uaaaah«, gähnt Anni. »Ist bald Schlafenszeit? Ich putz mir schon mal die Zähne.« Mit den Zahnbürsten gehen sie zum Bach. Auch Ponyherz trabt durch das kühle Nass. »Iiiih!«, spuckt Anni. »Fast hätte ich eine Kaulquappe verschluckt!«

Anni und Lorenz kuscheln sich in ihre Schlafsäcke. »Ganz schön dunkel plötzlich«, schaudert Anni. »Aber Ponyherz passt ja auf uns auf.« Das Wildpferd schnaubt beruhigend vor dem Zelteingang. Den Kindern fallen die Augen zu.

Plötzlich rumpelt es laut. Das ganze Zelt zittert. Anni und Lorenz schnellen hoch. Dämmriges Licht herrscht im Zelt: Der Tag graut schon. »Was ist das?«, flüstert Anni. Sie krallt sich an Lorenz' Arm fest. »Aua!«, schreit er. Das Zelt schwankt, als würde ein Riese daran rütteln. »Hilfe! Das Zelt stürzt ein!«, jammert Lorenz. Draußen schnaubt Ponyherz und stampft mit den Hufen.

»Ich gucke nach«, sagt Anni.

Mutig öffnet sie den Reißverschluss und lugt hinaus. »Hahaha«, lacht sie los. »Was ist?«, fragt Lorenz ängstlich. Vor dem Zelt steht eine Kuh und lässt sich den Blumenkranz schmecken. »Aufhören!«, schimpft Anni. »Du machst unser Zelt kaputt.« Lorenz will die Kuh wegschieben. Aber die mampft einfach weiter.

»Ponyherz!«, ruft Lorenz. »Bitte, hilf uns!« Kein Problem für Ponyherz! Das Wildpferd wiehert streng und stupst die Kuh weg. Die Kuh niest verdutzt und trottet davon. »Ponyherz, du bist unser Held!«, ruft Anni.

Lorenz schnappt sich den Blumenkranz. »Frühstück für dich, Ponyherz.«

»Aber wir kuscheln uns noch mal ein«, gähnt Anni. »Bevor die nächste Kuh auftaucht.«

Pixis Entenschule

Eine Geschichte von Simone Nettingsmeier
mit Bildern von Dorothea Tust

Pixi, Wilma Wildkatze, Umbärto und Ricky Waschbär machen einen Wettbewerb: Sie bauen Steinmännchen. Wer die meisten Steine stapeln kann, gewinnt. Gerade versucht Umbärto, noch einen Stein auf sein Männchen zu setzen – da stürzt es zusammen. »Ha!«, ruft Ricky. »Ich werde bestimmt der Sieger!«

Pixi legt vorsichtig einen flachen Kiesel auf sein Steinmännchen.

Doch plötzlich gibt es ein Riesengeschnatter auf der Wiese. Eine Ente läuft mit ihren Küken herbei. Fünf Entenkinder tollen übermütig durcheinander und zwicken sich gegenseitig in die Federn. »Hallo, Pixi!«, ruft die Ente müde.

»Hallo, Ente, wie geht's?«, fragt Pixi.

»Ach«, klagt die Ente. »Meine Küken sind außer Rand und Band. Ich weiß gar nicht, was ich noch mit ihnen machen kann.«

»Hmm, sollen wir die Waldschule wieder öffnen?«, fragt Pixi.

»Oh ja, am liebsten morgen«, sagt die Ente.

»Also los«, ruft Pixi. »Wir müssen das Klassenzimmer aufbauen und die Eule holen. Sie ist ja die Lehrerin.«

Auf dem Weg zur Waldlichtung hat Wilma Wildkatze eine Idee. »Wie wär's, wenn wir unterrichten?«, schlägt sie vor. »Wir können doch alle etwas richtig gut.«

»Prima Idee!«, meint Pixi.

»Ja, ich will Schwimmlehrer sein!«, ruft Ricky. Während die Freunde die Tische und Bänke aufbauen, planen sie schon ihre Schulstunden. Pixi will mit dem ABC starten. Wilma Wildkatze wird Rechnen unterrichten. Und Umbärto nimmt sich die Bienenkunde vor.

Am nächsten Tag sind Pixi, Wilma Wildkatze, Umbärto und Ricky Waschbär pünktlich in der Waldschule. Bald hetzt auch die Ente mit ihren Küken herbei. »Guten Morgen!«, begrüßt Pixi die jungen Enten. »Sucht euch alle einen Platz, dann geht die Waldschule los!«

Als die Küken endlich auf den Bänken sitzen, versucht Pixi, sie fürs Buchstabenmalen zu begeistern. Doch die kleinen Enten schnattern nur wild durcheinander.

Dann startet Wilma Wildkatze mit dem Rechnen. Sie hat einige Steine dabei, um mit den Küken Zahlen zu üben. Aber keines hört ihr zu. Auch Umbärtos Bienenkunde kommt bei den Enten nicht gut an. Dabei will er ihnen doch zeigen, wie der leckere Honig entsteht. Die Freunde sind ratlos.

»Bleibt nur noch Rickys Schwimmunterricht!«, meint Wilma Wildkatze.

»Ja, jetzt gibt's Sport!«, ruft Ricky und klatscht in die Pfoten. »Auf zum See!« Das lassen sich die Küken nicht zweimal sagen. So schnell ihre kurzen Beine sie tragen, trippeln sie hinter Ricky her. Gemeinsam kommen sie am See an.

Auch im Wasser machen die Entenküken eifrig alles mit, was Ricky ihnen vormacht. Erst paddeln sie geschickt über den See. Dann stecken sie den Kopf ins Wasser und üben das Tauchen. Sogar vom Steg zu springen, ist für die kleinen Enten kein Problem. Und am Schluss dürfen sie noch herumtollen und planschen. »Ricky, du bist als Lehrer ein Naturtalent!«, lobt Pixi.

Stolz beendet Ricky seine Schulstunde. Als die Freunde die Entenküken danach zu ihrer Mama zurückbringen, sind sie ganz still. »Wie habt ihr das bloß geschafft?«, fragt die Ente ungläubig. »Durch Rickys Schwimmunterricht!«, lacht Pixi.

Vor Pixis Höhle lassen sich die Freunde erschöpft ins Gras fallen. »Unterrichten ist gar nicht so leicht«, meint Wilma Wildkatze.

»Ja, wir haben eine Stärkung verdient«, ruft Pixi. »Kuchen und Kakao für alle!«

Ein Troll in der Schule

Eine Geschichte von Rüdiger Paulsen
mit Bildern von Sabine Legien

Normalerweise gehen Trolle nicht zur Schule. Sie leben weit im Norden, strolchen den ganzen Tag durch die Wälder, buddeln Löcher, schubsen Bäume um und werfen Felsbrocken durch die Gegend.

Nur der kleine Rullewupp ist anders. Er möchte gern rechnen, schreiben und lesen lernen. »So was müssen Trolle nicht können«, sagt der Troll-Älteste. »Troll dich lieber in den Wald und brüll ein bisschen rum. Du bist immer noch viel zu leise. Da fürchtet sich ja niemand.«

Traurig geht Rullewupp los. Lustlos brüllt er vor sich hin. Er brüllt und brüllt und achtet gar nicht darauf, wo er hinläuft. Plötzlich steht er am Rande des Dorfes.

»Hey, du da, kleiner Troll!«, sagt eine Frau. »Mach nicht so einen Lärm. Hier ist eine Schule. Bei dem Krach können die Kinder nicht lernen. Los, troll dich zurück in deinen Wald!«

Eine Schule? Das findet Rullewupp aber viel interessanter als den öden Wald. Ruck, zuck steht er in der Tür.

Kann ich mitlernen?«, fragt Rullewupp. »Bei uns Trollen gibt es keine Schule.«

»Na gut«, sagt die Lehrerin. »Komm rein, wir üben gerade rechnen.«

Die Lehrerin schreibt etwas an die Tafel und die Kinder sprechen ihr nach:

$1 \cdot 1 = 1$

$1 \cdot 2 = 2$

$1 \cdot 3 = 3$

Rullewupp spricht alles mit. Rechnen ist leicht, denkt er. Das kann ich schon.

»Jetzt üben wir lesen«, sagt die Lehrerin danach. »Schlagt einmal eure Lesebücher auf, Seite acht.« Die Kinder blättern. Auf der aufgeschlagenen Seite sieht Rullewupp ein Bild von einem Baum. Bäume kennt er gut. Und die spannendsten Waldgeschichten sowieso. Er springt auf und fängt gleich an zu erzählen.

»Kannst du aber gut lesen!«, staunen die Kinder.

»Na klar!«, tönt Rullewupp voller Stolz. Obwohl im Buch eigentlich etwas ganz anderes steht. Aber woher soll ein kleiner Troll auch wissen, dass das noch kein Lesen ist? »Und schreiben kann ich auch!«, ruft Rullewupp, springt auf und malt einen Baum an die Tafel.

»Nun singen wir ein Lied«, sagt die Lehrerin und setzt sich ans Klavier. Sie gibt den Ton vor: »Mimimi!« Dann singen alle: »Der Mai ist gekommen, die Bäume schlagen aus …«

Aber damit ist Rullewupp nicht einverstanden. »Bäume schlagen nicht aus«, ruft er. »Ich habe schon viele umgeschubst, und noch nie hat einer ausgeschlagen. Kommt mit, ich zeige es euch.«

Auf dem Schulhof steht ein bunt geschmückter Maibaum. Schwupps, schubst Rullewupp ihn um.

»Halt!«, rufen die Kinder erschrocken. »Den brauchen wir noch. Stell ihn sofort wieder auf!«

»Wusste ich nicht«, entschuldigt sich Rullewupp. Er buddelt ein tiefes Loch und stellt den Maibaum hinein. Dann packt er noch ein paar Felsbrocken um den Stamm, damit ihn niemand mehr umschubsen kann. »So, mein kleiner Troll«, sagt die Lehrerin. »Für heute ist die Schule zu Ende.«

»Dann gehe ich jetzt nach Hause«, beschließt Rullewupp. »Es war schön bei euch. Jetzt kann ich rechnen, schreiben und lesen.«

Zufrieden trollt er sich zurück in den Wald. Auf dem Heimweg übt er noch ein bisschen brüllen. Das kann er nämlich noch nicht so gut.

Enrico und die faulen Piraten

Eine Geschichte von Rüdiger Paulsen
mit Bildern von Vitali Konstantinov

Enrico Makkaroni ist Kapitän. Piratenkapitän, um genau zu sein. Einmal hat er auf einer Kaperfahrt eine Eismaschine erbeutet. Seitdem liegt er nur noch auf seiner Prateninsel in der Sonne und isst Schokoladeneis. Das mag er besonders gern.

Seine Leute sind ebenfalls träge geworden. Sie sind zwar gerne Piraten, aber Schiffe zu kapern und auszurauben – das ist anstrengende Arbeit! Lieber lümmeln sie in ihren Hängematten herum und träumen.

Eines Tages passiert es: Die Eismaschine funktioniert nicht mehr!

»Ich brauche Nachschub«, verkündet Enrico, »und zwar bald. Wir stechen in See und suchen uns ein Schiff, das Schokoladeneis geladen hat.«

Die Besatzung ist nicht begeistert. »Ich kann auch ohne«, brummt es aus einer Hängematte. »Nicht bei dieser Hitze!«, aus einer anderen.

»Keine Widerrede«, befiehlt Enrico. »Ich bin der Käpt'n! Was ich sage, wird gemacht. Los, an Bord und Anker lichten!«

Die *Schräge Trutsche* ist ein altes Piratenschiff mit einem Loch am Bug. Wenn die Wellen zu hoch schwappen, muss man Wasser schöpfen, damit sie nicht vollläuft und untergeht. Sie segeln neun Tage! Leider begegnen sie keinem Schiff, das sie ausrauben können. Die Piraten sind so faul, sie schlafen den ganzen Tag.

Das ist dumm. Denn es kommen drei Schiffe vorbei – aber niemand bemerkt sie und die Schiffe segeln schnell weiter. Da hat Enrico eine Idee.

»Aufwachen!«, ruft er. »Wir gehen an Land und überfallen eine Eisdiele.«

»Wir sind Piraten und keine Eisdielen-Überfaller!«, widerspricht Seeräuber-Jenny.

»Ich weiß gar nicht, wie man so was macht«, meckert ein anderer. Aber Enrico ist der Kapitän und was er sagt, muss gemacht werden. Basta!

Bald erreichen sie einen Hafen. »Ich seh keine Eisdiele«, grummelt Jenny. »Sollen wir nicht besser weitersegeln?«, quengelt der Nächste. »Ruhe jetzt!«, droht Enrico. »Wer nicht mitmacht, muss das Deck schrubben und das Loch reparieren«. Das will natürlich niemand und alle gehorchen.

In einer kleinen Gasse hinter der Kirche entdecken sie die Eisdiele von Rosanna Napoli. »Wild und grimmig gucken!«, mahnt Enrico. »Wir sind schließlich Piraten.« Dann stürmt er los. Missmutig folgen ihm seine Leute.

»Schokoladeneis her!«, brüllt Enrico und fuchtelt wild mit dem Säbel herum.

»Onkel Enrico!«, ruft Rosanna überrascht. »Wo kommst du denn her? Dich habe ich ja ewig nicht gesehen. Wie geht's dir?«

»Äh, na ja, hm …«, stottert Enrico. »Wir sind auf Kaperfahrt und da dachten wir …«

»Null Problemo«, unterbricht ihn Rosanna. »Schoko-Eis ist alle, aber es gibt noch Nuss und Vanille.« Rosanna lädt alle zum Eisessen ein. Enrico isst so viel, dass er sich kaum noch bewegen kann. »Onkelchen«, sagt Rosanna, »ich glaube, ich hab da was für dich.« Rosanna packt ein paar dicke Eisblöcke in ihren alten Eiswagen und füllt die Behälter bis obenhin mit leckerer Eiscreme. »Das sollte eine Weile reichen. Ihr dürft gerne wiederkommen, wenn ihr alles aufgegessen habt«, sagt sie zum Abschied. »Dann gibt's auch wieder Schoko-ladeneis.«

Astronautin Fabi sammelt Weltraumschrott

Eine Geschichte von Ana Zabo
mit Bildern von Heike Herold

Astronautin Fabi mag Weltraumschrott. Sie findet darin tolle Sachen für ihr Raumschiff: Blinklichter aus alten Satelliten, Astronautenbrei in einer verlassenen Raumstation oder einen frei fliegenden Schraubenschlüssel Größe 8.

Astronautin Fabi ist schon viel im Weltraum herumgereist. Diesmal will sie zu den berühmten Schrottringen von Planet Alpha.

Leider spielt Co-Astronaut Findevogel nicht mit. Er mag keinen Weltraumschrott. Lieber sucht er schöne Sachen, die Astronauten verloren haben. So hat er gestern Bennis Kuschelmaus im Weltall gefunden und will sie nun zurückbringen. Daher krächzt er: »Zu den Schrottringen willst du? Ist dir Benni egal?«

»Nein, lieber Findevogel. Wir fliegen erst zu Benni. Dann geht's nach Alpha.«

Fabi muss jetzt den Weg durch den Weltraum finden. Dafür rechnet sie: »3 plus 1 minus 3 plus 7. Ja! Wir sind auf Kurs. Co-Astronaut, bitte Nachricht an Bennis Planet Kepler!« Findevogel stülpt sich die Kopfhörer auf: »Hier Findevogel an Benni! Wir bringen dein Kuschel-Objekt zurück. Bitte melden.«

Aber Benni meldet sich nicht. Es spricht ein Computer:

»Benni ist im Weltall und sucht seine Kuschelmaus. Er kann ohne sie nicht schlafen.« Findevogel fragt: »Wo sucht er?«

»Im gefährlichen Schrott von Alpha.« Dann ist es still, der Kontakt ist unterbrochen.

»Also, auf nach Alpha!«, ruft Fabi. »Als Erstes müssen wir dort Benni finden. Aber warum nur sollen die Schrottringe gefährlich sein?« Beiden ist nun mulmig zumute. Fabi beschleunigt auf Höchstgeschwindigkeit.

Bald schon nähern sie sich den Schrottringen von Alpha. »Früher hat man hier Wolken gesehen«, sagt Findevogel.

»Stimmt. Und jetzt ist alles voll weggeworfener Sachen. Ich mag Weltraumschrott ja, aber hier ist es zu viel«, gibt Fabi zu.

»Auch den Bewohnern von Alpha war es zu viel. Sie haben ihren Planeten verlassen«, krächzt Findevogel.

Dann entdecken sie Benni. Und jetzt verstehen sie auch, warum es hier gefährlich ist. Bennis Raumkapsel hat sich mit herumfliegenden Schrottteilen verkeilt. Er kommt nicht mehr weg. »Hilfe! Hier bin ich!«, winkt er.

Vorsichtig bahnt sich Fabi einen Weg zu Benni. Seine Raumkapsel ist völlig verbeult. Aber das ist dem Astronauten fast egal, als er an Bord kommt und seine Kuschelmaus entdeckt. Er nimmt sie in den Arm und schläft sofort ein. Fabi flüstert: »Weltraumschrott kann viel kaputt machen.«

»Sag ich ja«, wispert Findevogel. »Am schlimmsten sind weggeworfene Sachen, nach denen niemand mehr sucht.«

Fabi überlegt: »Wir könnten den Schrott in der Lufthülle von Alpha verglühen lassen. Das hat anderswo schon geklappt.« Sie kramt aus ihren Sachen ein Schleppnetz hervor. »Hast du das etwa auch aus dem Schrott?«, fragt Findevogel. Fabi lächelt: »Klaro.«

Sie werfen das Schleppnetz über einen Schrott-Satelliten und ziehen ihn hinunter zu Alpha. Dann lösen sie das Netz und lassen den Schrott durch die Lufthülle sausen. Er ist jetzt wie ein Stern mit einem Schweif, der immer kleiner wird. »Es klappt!«, ruft Fabi. Sie ziehen noch mehr Schrottteile zu Alpha hinab und schauen zu, wie sie verglühen. Schließlich ist wieder ein Stück Himmel frei.

Sie bringen Benni zum Planeten Kepler zurück und fliegen weiter zur Erde.

Die ganze Zeit aber schimpft Findevogel vor sich hin: »Es ist noch viel zu viel Schrott übrig!«

»Mhm, ja, lieber Findevogel«, grübelt Fabi. Und plötzlich weiß sie, was zu tun ist. Sie wird auf der Weltraumkonferenz über die vielen weggeworfenen Sachen sprechen. Aber daran kann sie jetzt nicht denken. Sie muss rechnen, den Kurs auf die Erde bestimmen. »Co-Astronaut, bitte Nachricht an Erde!«

Der Megagruselsaurus

Eine Geschichte von Rüdiger Paulsen und Mieke Witulla
mit Bildern von Julia Christians

Früh am Morgen wird der kleine Dino Jonte wach. Ein Sonnenstrahl hat ihn an der Nase gekitzelt. Das wird bestimmt ein super Tag. »Tschüss, Mama«, ruft er. »Ich geh spielen.« Draußen wartet schon seine Freundin Tulga.

»Was machen wir heute?«, fragt Tulga. »Wir suchen einen Birmelbaum«, sagt Jonte. Die süßen Birmelbaumfrüchte mögen beide gerne.

Sie laufen durch einen Wald. Das ist ein bisschen unheimlich, weil durch die dichten Baumkronen keine Sonnenstrahlen kommen. Aber Jonte ist mutig. »Immer mir nach«, ruft er, »ich kenn mich hier aus.«

Hinter dem Wald beginnt eine weite Ebene. Überall sieht man Steine, Sand und Sträucher. Und einen Birmelbaum! Tulga will gleich losrennen. »Vorsicht!«, ruft Jonte. »Unter dem Sand sind viele Nester mit Dinoeiern, die von der Sonne ausge- brütet werden. Da darf man auf keinen Fall drauftreten.«

Plötzlich taucht ein dunkler Schatten über ihnen auf. Ein gefährlicher Flugsaurier landet. Sofort beginnt er im Sand zu wühlen. »Oh nein!«, ruft Tulga. »Ein Eierdieb. Das dürfen wir nicht zulassen.«

»Was sollen wir denn machen?«, fragt Jonte aufgeregt. »Der Kerl ist riesen- groß. Den können wir nicht wegjagen.«

»Ich weiß was«, sagt Tulga.

Schnell pflückt sie eine Birmel und wirft sie dem Eierdieb zu.

»Die schmecken viel besser als die Eier«, ruft sie.
Gierig verschlingt der Flugsaurier die süße Frucht.

»Mehr«, grunzt er und nähert sich dem Birmelbaum.

»Das wäre geschafft«, flüstert Jonte. »Bloß schade, dass
er jetzt unsere ganzen Birmeln frisst.«

Tulga hat eine Idee: »Komm mit in den Wald!
Wir verkleiden uns und erschrecken ihn. Vielleicht
bekommt er Angst und haut ab.«

»Oh ja!« Jonte ist begeistert. Sofort laufen die
kleinen Dinos los.

Sie finden Äste, rote Stachelblumen und sogar ein abgeworfenes
Geweih. Jonte entdeckt noch zwei gelbe Pilze, die sich gut als Monsteraugen
eignen.

Zuerst wälzen sich die beiden ausgiebig in einer Schlammpfütze. Dann klettert
Tulga auf Jontes Rücken und rückt die Verkleidung zurecht. Das sieht wild und
gefährlich aus. Vorsichtig tapsen sie auf den Flugsaurier zu.

»Uuhuuaruuu«, brüllt Jonte. »Ich bin ein Mega-
gruselsaurus. Jetzt komm ich und fress dich.«
Der Flugsaurier schaut verdutzt in ihre
Richtung.

»Verflixt«, stöhnt Jonte. »Er fürchtet
sich nicht genug.«

»Wir müssen mehr Krach
machen«, ruft Tulga und fängt auch
an zu brüllen. Jonte springt wild hin
und her. Und jetzt funktioniert der
Trick. Der Flugsaurier bekommt

Angst. So ein merkwürdiges Tier hat er noch nie gesehen. Schnell macht er, dass er wegkommt.

Tulga und Jonte schauen sofort nach, ob die Sandnester alle in Ordnung sind. Glück gehabt. Der Flugsaurier hat noch keine Eier ausgebuddelt. Das war Rettung in letzter Sekunde.

Da kommt Jontes Mama aus dem Wald gelaufen. »Ich habe den Lärm gehört«, ruft sie besorgt. »Wie seht ihr denn aus?«

»Wir wollten Birmeln naschen«, erklärt Jonte. »Aber dann kam ein Eierdieb.«

»Und wir haben ihn vertrieben«, sagt Tulga stolz.

»Das habt ihr toll gemacht«, freut sich die Dinomama.

Dann schüttelt sie den Birmelbaum und viele Birmeln fallen herunter. Und die, da sind sich Jonte und Tulga einig, haben noch nie so gut geschmeckt wie heute.

Seemann auf der Fähre

Eine Geschichte von Stefanie Fiebrig
mit Bildern von Stefanie Pfeil

Seemann ist ein Schiffshund. Sein Körbchen steht unter dem Tisch in der Kajüte des Kapitäns Harald Blauzahn. Dort schläft Seemann besonders gut, weil die Wellen das Schiff so gemütlich schaukeln.

Oft stromert Seemann auf dem Schiff umher. Auf der Brücke bei Kapitän Blauzahn und seinem Steuermann sieht er zu, wie das Schiff gelenkt wird. »Auf Kurs halten«, sagen die Seeleute dazu. Obwohl es keine Schilder oder Straßen gibt, wissen sie genau, wo sie langfahren müssen.

Am liebsten ist Seemann beim Schiffskoch in der Kombüse. Kombüse ist ein anderes Wort für Küche. Eigentlich darf Seemann da nicht rein. Trotzdem steckt ihm der Schiffskoch manchmal einen Wurstzipfel zu.

Wenn die Sonne scheint, lässt sich Seemann an Deck die Meeresbrise um die Nase wehen. Er lauscht den Möwen, die über dem Schiff ihre Kreise ziehen. Er beobachtet die Passagiere, die draußen ihren Kaffee trinken. Gleich läuft das große Fährschiff in einen Hafen ein. Seemann sieht schon den Leuchtturm.

Das Schiff legt an, und alle Passagiere nehmen ihre Reisetaschen. Das gibt ein großes Gewusel, denn immer wollen alle gleichzeitig aussteigen. Aus dem Schiffsrumpf rollen die Autos eins nach dem anderen heraus. Das Schiff wird entladen. Seemann und Kapitän Blauzahn gehen von Bord.

Harald Blauzahn möchte heute kurz bei seinem Freund, dem Hafenmeister Piet, vorbeischauen. Seemann kennt den Weg, er läuft voraus. Piet ist nämlich auch sein Freund. Während sich die beiden Männer ins Gespräch vertiefen, beschließt Seemann, im Hafen spazieren zu gehen. Im Hafen riecht es ganz anders als auf dem Schiff.

Seemann erschnüffelt ein sehr interessantes Fischbrötchen und verspeist es. Zum Nachtisch gibt es eine heruntergefallene Eiswaffel. Seemann will schon zur Fähre zurücklaufen, aber mitten auf dem Weg liegt ein angebissener Keks. Um den muss er sich schnell noch kümmern.

Als Seemann endlich satt ist, läuft er zu der Stelle, an der vorhin noch das Schiff lag. Oh nein! Das Schiff hat abgelegt. Seemann sieht, wie es davonfährt. Kapitän Blauzahn dachte wohl, dass Seemann längst wieder an Bord ist. Verzweifelt bellend läuft Seemann am Ufer auf und ab. In seinem ganzen Hundeleben hat er sich noch nie so verlassen gefühlt.

Hafenmeister Piet dreht auf dem Fahrrad seine Runde. Er sieht nach, ob im Hafen alles seine Ordnung hat.

Als er den traurigen Seemann sieht, versteht er sofort, was passiert ist. Er überlegt, was zu tun ist.

Kapitän Blauzahn hat nun ebenfalls bemerkt, dass Seemann nicht auf dem Fährschiff ist. Er macht sich Sorgen um seinen Hund. Da klingelt das Telefon. Ein Anruf aus der Hafenmeisterei! Seemann ist gerettet. Nur an Bord kann er heute nicht mehr. Für eine Nacht ist Seemann eine Landratte. Er übernachtet bei Hafenmeister Piet.

Als das Schiff von Kapitän Blauzahn am nächsten Tag wieder einläuft, stehen Piet und Seemann schon am Ufer und winken. Es ist das einzige Mal, dass auch der Kapitän am liebsten als Erster aussteigen möchte, so sehr freut er sich, als er Seemann wiedersieht.

»Ahoi und gute Reise!«, sagt Piet zum Abschied, und Seemann denkt: Es ist sehr gut, auch an Land einen Freund zu haben.

Pixi und das Fußballspiel

Eine Geschichte von Simone Nettingsmeier
mit Bildern von Dorothea Tust

Pixi und seine Freunde wollen Fußball spielen: drei gegen drei. Die Tore sind längst aufgebaut. Jetzt warten alle nur noch auf Erich Igel. »Wo er nur bleibt?«, wundert sich Pixi. Doch da humpelt der Igel herbei – gut gestützt vom grauen Fuchs!

»Was ist passiert?«, fragt Pixi.

»Der graue Fuchs hat mich umgerannt«, jammert Erich Igel.

»Oje, bist du verletzt?«, fragt Wilma Wildkatze.

»Ach, nur ein Kratzer an der Pfote«, tönt der Fuchs. Erich Igel nickt, aber gut laufen kann er nicht.

»So wird es nichts mit dem Drei-gegen-drei-Spiel«, stöhnt Ricky.

»Ich könnte doch mitspielen!«, säuselt da der graue Fuchs.

»Dduuu?«, stottert Hase Langbein.

Mit dem Fuchs mag er gar nicht Fußball spielen. Der ist nämlich ein fieser Gegner.

»Dann brauchen wir einen Schiedsrichter«, meint Pixi.

»Wie wäre es mit Erich Igel?«, fragt Wilma Wildkatze.

»Na gut!«, sagt der Igel. Umbärto setzt Erich Igel auf einen Baum am Spielfeldrand. Von diesem sicheren Platz aus kann er alles gut sehen. Dann ziehen sich die Mannschaften die Trikots an.

Der graue Fuchs spielt mit Wilma Wildkatze und Umbärto zusammen. Pixi ist mit Ricky Waschbär und Hase Langbein in einem Team.

Erich Igel will das Spiel anpfeifen. Er holt tief Luft, steckt seine Pfoten ins Maul und pustet, so stark er kann. Aber kein Pfiff ertönt. Also ruft er: »Los geht's!«

Ricky Waschbär erobert als Erster den Ball. Schnell rennt er zum Tor. Hase Langbein läuft auf gleicher Höhe mit. Ricky will den Ball zum Hasen schießen. Doch der Fuchs rempelt ihn an und Ricky fällt hin.

»Foul vom Fuchs, du darfst keine Leute umrennen!«, schimpft Erich Igel. »Pixis Mannschaft bekommt einen Freistoß.« Aber der graue Fuchs hört gar nicht hin. Schnell läuft er weiter, selbst Pixi kann ihn nicht aufhalten. Dann schießt der Fuchs ein Tor. »Juhu, 1:0!«, jubelt er.

»Stopp, das Tor zählt nicht!«, ruft Erich Igel.

»Wieso, du hast doch nicht gepfiffen«, meint der Fuchs.

Ricky Waschbär ist empört. Der Igel hat ja laut gerufen! »Erich Igel braucht eine Trillerpfeife, auf die alle hören«, meint Pixi. »Sonst gibt es nur Streit.«

»Wo sollen wir denn eine Pfeife herholen?«, fragt Umbärto.

»Wir basteln uns eine«, meint Wilma Wildkatze. »Wir brauchen nur ein Stück Haselnusszweig.«

Ricky Waschbär läuft sofort los. Er weiß, wo der nächste Haselnussbaum zu finden ist. Als er mit dem Zweig zurück ist, schnitzt Wilma daraus geschickt eine Pfeife.

Wilma macht einen lauten Probepfiff. »Genial!«, ruft Pixi und reicht dem Igel die Pfeife. »Dann kann es ja weitergehen«, sagt Erich Igel und pfeift das Spiel an.

Der graue Fuchs erobert gleich den Ball. Doch an Pixi kommt er dieses Mal nicht vorbei, Pixi luchst ihm geschickt den Ball ab.

Pixi passt den Ball zu Ricky Waschbär, aber Umbärto grätscht dazwischen und kickt ihn sofort zu Wilma weiter. Und Wilma lenkt den Ball ins Tor. Erich Igel pfeift laut. »1:0 für Rot!«, ruft er. Jetzt wird das Spiel richtig spannend. 3:2 für die Roten steht es, als Hase Langbein kurz vor Schluss seine Torchance wittert.

Geschickt rennt Hase Langbein mit dem Ball über den Platz. Doch kurz vor dem Tor grätscht ihm der Fuchs in die Beine.

»Das war gemein«, ruft Pixi. »Elfmeter!«, fordert Ricky Waschbär. Das sieht auch Erich Igel so. Hase Langbein legt den Ball auf den Elfmeterpunkt. Er läuft an, schießt und … »Tor!« jubelt Ricky.

Da ertönt der Schlusspfiff. »3:3, unentschieden«, ruft Erich Igel vom Baum.

»Jetzt gibt's Kuchen und Kakao für alle, die bei unserem Fußballspaß dabei waren!«, lacht Pixi.

Neue Freunde

Eine Geschichte von Ana Zabo
mit Bildern von Markus Spang

In diesem Sommer war alles anders. Nicht nur anders, es war auch alles durcheinander. Das lag daran, dass Hendrik mit seinem Papa umgezogen war, in ein neues Haus, in eine andere Stadt. Hier kannte Hendrik niemanden.

Papa hatte ein Trostgeschenk für Hendrik vorbereitet. Leider konnten sie es nicht finden. Es steckte irgendwo in den Umzugskartons. Schließlich entdeckte Hendrik ein rundes Geschenk. Das musste es sein. War es vielleicht ein Fußball? »Richtig! 1:0!«, rief Hendrik. »Was für eine Pille!«

Der Fußball war toll. Nur blöd, dass er hier niemanden zum Spielen hatte. Richtig blöd war das.

»Spiel mit *mir!*«, schlug Papa vor. »Ich kenne tolle Tricks. Früher nannten sie mich das *Flachballmonster*. Mein Ball sauste zwischen allen Beinen hindurch und traf dann mitten ins Tor«, sagte er stolz.

»Das hast du noch nie erzählt«, wunderte sich Hendrik und kickte den Ball zu ihm hin.

Papa nahm an und schon waren sie mitten im Spiel.

»Aufgepasst, Flachball!«, zischte Papa.

Flach? Hendrik sah dem Ball hinterher. Er flog hoch wie eine Rakete. Dann trudelte er im Bogen hinab und verschwand im Nachbargarten.

»Aber Papa!«, rief Hendrik.

»Oh!«, machte Papa.

Zusammen gingen sie zum Nachbarhaus und klingelten. »Wir sind die neuen Nachbarn«, sagte Hendriks Papa. »Ja, und mein Fußball ist gleich in Ihrem Garten gelandet«, platzte es aus Hendrik heraus.

Die Nachbarin lächelte. »Annika, guckst du mal?«, fragte sie das Mädchen an ihrer Seite. Wenig später tauchte Annika mit dem Ball auf. »Ich spiele auch Fußball«, sagte sie. »Dann komm doch mit«, schlug Hendrik vor.

Wie sich herausstellte, war Papas Flachschuss ein Volltreffer gewesen: Annika spielte super. Und Papa kam ganz schön ins Schwitzen.

Zeit für einen echten Flachball! »Ja!«, jauchzte Annika. Hendriks Ball sauste zwischen Papas Beinen hindurch. Und sauste weiter. Und weiter! Ins Aus.

»Ich hol ihn!«, rief Hendrik.

Er spähte durch den Zaun. Weit hinten konnte er seinen Fußball sehen. Im Garten der anderen Nachbarn.

»Mist!«, flüsterte Hendrik.

»Na ja, klingeln wir wieder«, lachte sein Papa. Hendrik fand das überhaupt nicht witzig. Doch zum Glück tauchte am Zaun ein Junge auf. Hendrik rief: »Hey, kannst du mir meinen Ball rüberwerfen? – Klasse, danke!«

Hendrik nahm den Ball an und sagte: »Willst du mitspielen?«

»Gern! Kann ich noch ein paar Freunde mitbringen?«, fragte der Junge.

»Na klar!«, antwortete Hendrik. Das wäre ja das Beste überhaupt.

Der Junge hieß Murat. Und er brachte noch Jonas, Musa, Ben, Diara und Krista mit. Sie bildeten nun zwei Teams.

Hendriks Papa pfiff das Spiel an. »Und Schuss!«, rief Annika.

»Kick rüber, die Pille!«, kreischte Murat.

»Was für ein Gurkenpass!«, lachte Krista.

»Querlatte!«, behauptete Jonas.

»Querlatte haben wir gar nicht«, keuchte Hendrik. Und so ging es weiter. Erst gewann sein Team, dann das andere. Hendrik schoss an diesem Nachmittag drei Tore! Vielleicht wären es noch mehr geworden. Doch nach dem dritten Tor rief sein Papa: »Pommes rot-weiß!« Die Fußball-Freunde jubelten. Sie ließen den Ball liegen und rannten ins Haus. Hendrik strahlte. Er wohnte jetzt in einer echt coolen Fußballer-Gegend. Was für ein Glück!

Stella tanzt auf dem Seil

Eine Geschichte von Katrin M. Schwarz
mit Bildern von Marine Ludin

Stella ist der Star der Manege.

Sie tanzt vorwärts und rückwärts übers Seil, läuft auf Zehenspitzen und schlägt sogar ein Rad. Wenn sie die Strickleiter hinunterklettert, klatschen die Zuschauer begeistert Applaus.

Als Stella aus dem Zirkuszelt hinaushüpft, begegnet ihr der starke Anton. Er ist so stark, dass er sogar den dicken Zirkusdirektor mit einer Hand über seinen Kopf heben kann. Fröhlich zwinkert Anton Stella zu: »Da ist ja meine tanzende Feder.«

In ihrem Wohnwagen zieht Stella ihr Kostüm aus. Ärgerlich betrachtet sie sich im Spiegel. »Tanzende Feder!« Stella will keine Feder sein. Am liebsten wäre sie so stark wie Anton.

Bevor sie schlafen geht, macht Stella Liegestütze und Klimmzüge. Dann stemmt sie Bücherstapel hoch über ihren Kopf. Wenn ich das jeden Abend mache, bin ich bald genauso stark wie Anton, denkt sie.

Als Stella im Bett liegt, hört sie den Wind um den Wohnwagen jagen. Doch da

ist noch ein anderes Geräusch. Nachdem sie
eine Weile gelauscht hat, steht sie auf und
schleicht zum Fenster. In diesem
Moment kommt der Mond
hinter einer Wolke hervor, und
Stella traut ihren Augen nicht.
Auf den Stufen seines Wohnwagens sitzt der
starke Anton und weint laut schluchzend.

Stella huscht zu ihm hinüber und erfährt, dass
Antons Kuscheltuch in einem Windstoß davongeflogen
ist. Jetzt weht es hoch oben auf dem Zirkuszelt. »Ohne
Kuscheltuch kann ich aber nicht schlafen«, jammert Anton.

Der starke Anton weint nach seinem Kuscheltuch! Er tut Stella leid. Wie kann
sie ihm helfen? Schon hat sie eine Idee: Aus dem Zirkuszelt holt Stella das lange
Seil, auf dem sie immer ihre Kunststücke vorführt. Geschickt macht sie an dem
einen Ende eine Schlinge. Mit dem Zipfel ihres Nachthemds wischt Stella die
Tränen von Antons Wange. Gemeinsam klettern sie auf das Dach des Wohnwagens. Anton wirft die Schlinge um die Fahne, die auf der Spitze des Zirkuszelts
weht. Das andere Ende des Seils hält er fest und
zieht es straff. Stella drückt Anton eine Taschenlampe in die freie Hand.

»Gut festhalten«, sagt sie.

Anton nickt: »Wird gemacht.«

Nun klettert Stella auf Antons Schultern. Von hier aus kann sie das Seil betreten. Das Licht der Taschenlampe zeigt ihr den Weg. Obwohl der Wind ihr die Haare ins Gesicht weht, tanzt sie leichtfüßig über das Seil – hinüber zu Antons Kuscheltuch.

Schon erreicht Stella die Spitze des Zelts. Sie wickelt das Kuscheltuch von der Fahnenstange ab und winkt damit hinunter zu Anton.

»Hurra!«, ruft der glücklich zu ihr hinauf. »Stella, du bist die Größte!«

Stella setzt sich auf das Seil und rutscht hinunter, mitten in Antons Arme.

»Dein Kuscheltuch, kleiner Anton«, grinst sie.

»Ich danke dir, starke Stella!«, lächelt Anton.

Das schreibende Pony

Eine Geschichte von Martin Klein
mit Bildern von Cathy Ionescu

Lotte reitet und liest gern. Am liebsten mag sie Pferdegeschichten und Krimis und am allerliebsten Pferdekrimis. Lottes Bücher haben spannende Titel. Sie heißen: *Blitz jagt den Heudieb*, *Der Detektiv-Rappe* und *Goldmähne besiegt die Gangster*.

Jede Woche besucht Lotte das Pony James. James ist sehr neugierig und so klug wie ein Detektiv.

James ist Lottes Reitbeteiligung. Das klingt seltsam. Aber so nennt man es eben, wenn Leute ein Pferd nicht für sich alleine besitzen.

Lotte hat nichts dagegen, wenn James auch für andere Menschen da ist. Sie tut auch gern etwas für andere, zum Beispiel vorlesen. Deshalb bringt sie oft ein Buch zum Pferdehof mit. James liebt es, wenn Lotte vorliest. Er stellt aufmerksam die Ohren auf und hört genau zu. Manchmal reicht die Zeit aber nicht für eine ganze Geschichte.

Wenn Lotte mittendrin aufhört und nach Hause geht, schnaubt James missmutig. Er möchte unbedingt wissen, wie die Geschichte ausgeht. »Hab Geduld, mein Guter«, sagt Lotte und streicht James über die Nüstern. Das Pony nimmt Lotte das Buch sanft aus den Händen. James klemmt es zwischen seine Zähne und legt es vorsichtig ins Stroh. »Pass gut darauf auf«, sagt Lotte vergnügt. »Nächste Woche geht's weiter.«

Eine Woche ist James aber viel zu lang. Als abends Ruhe im Stall eingekehrt ist, schlägt er das Buch vorsichtig auf. Sorgfältig betrachtet er die Bilder und Buchstaben. In den Nachbarboxen stehen edle Dressurpferde. Eins fragt: »Ist in dem Stapel Papier eine Portion Hafer versteckt?«

»Nein«, erwidert James. »Aber ich lerne etwas Spannendes.«

Das edle Nachbarpferd schüttelt verwundert seine geflochtene Mähne. »Ich finde Papierhaufen langweilig«, schnaubt es. Die Dressurpferde sind schön frisiert und sie haben einen besonderen Trainingsplatz. Er ist genau abgesteckt und der Sand ist stets sorgfältig geharkt.

Beim Training scharren die Dressurpferde anmutig mit den Hufen. Die Reiterinnen tragen Frack und Zylinder. Gemeinsam tänzeln Mensch und Tier elegant über den Reitplatz. Lotte und James schauen gern bei diesem Pferde-Ballett zu.

Lotte überlegt, ob sie aus James' Mähne auch einmal einen schicken Zopf macht, und James schaut gebannt auf die Hufabdrücke im weichen Sand.

Die Hufe hinterlassen interessante Muster. Manche ähneln sogar den Schriftzeichen in den Büchern. So ein Zufall! James denkt lange darüber nach. Und eines Tages hat er eine tolle Idee.

Bei ihrem nächsten Besuch öffnet Lotte wie üblich die Stallbox. Sie plant einen Ausritt auf den Feldwegen rund um den Hof. Aber James hat einen anderen Plan. Er stupst Lotte an und läuft zum Dressurplatz. Behutsam betritt er den frisch geharkten Sand und führt ein ganz besonderes Ballett auf.

James läuft geradeaus und im Kreis. Er geht rückwärts und quer. Er macht kleine Sprünge. Er schaut immer wieder nach unten und scharrt im Sand, bis die Spur stimmt. James' Pony-Ballett sieht ziemlich lustig aus.

»Damit kannst du als Clown im Zirkus auftreten!«, ruft Lotte.

James schüttelt den Kopf. Er stupst Lotte so lange an, bis sie erkennt, dass er nicht einfach nur komische Bewegungen aufführt.

Lotte reibt sich staunend die Augen. Die Spuren im Sand sind Buchstaben! Sie ergeben einen Satz! »James, du bist ein Pony-Genie«, sagt Lotte.

James schnaubt zufrieden und verneigt sich fast so elegant wie ein echtes Dressurpferd.

Abenteuer auf dem Namakanda

Eine Geschichte von Susanne Böse
mit Bildern von Nele Palmtag

Klatsch! Jule greift sich in die Haare. Jemand hat ihr Matsch an den Kopf geworfen. Aber wer?

Sie dreht sich um. Da steht ein Junge. Er ist ungefähr so alt wie sie. »Spinnst du?«, ruft sie sauer. Der Junge lacht. Jule hebt ihren Eimer hoch. Sie hat gerade viel schöne Matschpampe gemacht. Jule geht zu dem Jungen und hält ihm den Eimer über den Kopf. *Flatsch.* Jetzt lacht er nicht mehr. Einen Moment lang sehen sich die Kinder stumm an. Dann kichern sie los. Der Junge hält Jule seine Hand hin:

»Ich bin Kaya. Sollen wir eine Burg bauen?«

Ab sofort sind die beiden unzertrennlich. Sie bauen die größte und schönste Burg am ganzen Strand.

Sie finden die meisten Wattwürmer! Und sie sind das beste Quallen-Rettungsteam!

»Heute hab ich keine Zeit zum Spielen«, sagt Jule. »Ich mache eine Exipition auf dem Namakanda. Kommst du mit?« Das klingt ja spannend!

»Logo«, antwortet Kaya. »Aber was ist eine Exepti …«
»Dabei erforscht man die Welt«, erklärt Jule. »Wir sind die Forscher. Wir entdecken was und erleben irre Abenteuer.«

»Cool«, sagt Kaya, als er das Paddelbrett sieht.

»Das ist unser Exiptionsschiff«, sagt Jule stolz, als sie am Strand ankommen. »Krass«, sagt Kaya. »Aber wo ist der Nama- … wie?«,

»Namakanda. Das ist der Fluss. Gleich hier.« Jule zeigt aufs Wasser und reicht Kaya Fernglas und Kompass. »Aber wir müssen Richtung Nord-Süd-Ost. Ist ganz schön weit. Wir werden so zehn Jahre hin und zurück brauchen.«

Kaya nickt. »Okay.«

Sie sind noch gar nicht lange unterwegs, da schreit Jule: »Haaaaalt!«

»Was ist?« Neugierig tapst Kaya nach vorne.

»Nicht so wackeln«, wispert Jule, »sonst geht unser Schiff den Namakanda runter!« Aber Kaya lässt nicht locker. »Was ist denn jetzt?«

»Ich habe etwas entdeckt«, sagt Jule.

»Echt? Etwa Plastikmüll? Der Namakanda ist bestimmt auch voll davon.«

»Nein, zum Glück nicht.«

»Eine Flaschenpost?«

»Auch nicht.«

»Was denn dann?« Kaya stockt der Atem. »Etwa einen Schatz?«

»Kann sein«, ächzt Jule und zieht etwas aus dem Wasser. »Schau mal.«

»Ui.« Kaya pfeift durch die Zähne. »Wir müssen es mitnehmen und genauer erforschen«, beschließt Jule. Die beiden paddeln zurück.

»Kinder, Kinder!«, staunt Jules Papa, als sie wieder an Land sind. »Eure Expedition auf dem Namakanda war ja wirklich erfolgreich. Ihr habt echt einen Schatz gefunden. Dieses Handy wird bestimmt schon sehr vermisst.«

»Aber wie finden wir den Besitzer?«, fragt Kaya. Jule hat eine Idee.

Wenig später betreten die Kinder die Polizeistation. Als sie Wachtmeister Hein ihren Schatz zeigen, ruft er: »Das gibt's ja nicht!« Die Kinder schauen ihn mit großen Augen an. »Das gehört mir! Ich habe es vorgestern beim Angeln verloren«, erklärt Wachtmeister Hein. »Und ihr habt es entdeckt?«

»Ja. Wir sind ja auch die besten Forscher auf dem Namakanda«, strahlt Jule.

Zum Dank lädt Wachtmeister Hein Jule und Kaya ins Eiscafé Pergola ein. Während die zwei ihr Eis schlecken, fragt Hein: »Na, Kinder, was war denn euer tollstes Ferienerlebnis?«

Kaya hat den Mund gerade voller Eis: »Unschere Ekschlikschon auch geng Ganga-ganga!« Jule nickt und nascht eine Erdbeere. »Schließlich haben wir einen echten Schatz gefunden.«

Hein grinst: »Und einen neuen Freund!«

Kaya ruft: »Nein, sogar …«

»… *zwei* neue Freunde!«, strahlt Jule.

Das Auto ist weg!

Eine Geschichte von Antje Bones
mit Bildern von Iris Hardt

»Guten Morgen, mein Schatz!«, ruft Mama. Emil blinzelt. Seine Hand tastet nach dem roten Auto. Autos sind Emils Lieblingsspielzeug. Und das rote ist das allerbeste: Es hat weiße Reifen und ein Dach, das man auf- und zuklappen kann.

»Es ist nicht da!« Emil schaut unters Bett, kriecht auf dem Fußboden umher und untersucht jede Ecke des Zimmers. »Was ist nicht da?«, fragt Mama.

»Mein rotes Auto«, murmelt Emil aus der großen Spielekiste.

»Wir suchen es, wenn wir wieder zu Hause sind, ja?«, sagt Mama und zieht Emil aus der Kiste. Traurig schaut er aus dem Pullover, den Mama ihm überstreift.

»Weißt du was?«, sagt Mama. »Ich mache heute einen Großeinkauf.« Sie grinst: »Dazu nehme ich das Auto! Wir fahren zum Kindergarten und nach dem Einkaufen hole ich dich wieder ab. Gut?«

Und ob das gut ist! Aus seinem Kindersitz beobachtet Emil alles ganz genau: Mama steckt den Schlüssel ins Zündschloss und dreht ihn herum. Dann springt der Motor an. Emil senkt den Fuß, wenn Mama Gas gibt, und drückt das andere Bein durch, wenn sie bremst. Er lenkt mit beiden Armen und legt sich in die Kurven. Viel zu schnell kommen sie beim Kindergarten an.

Auch auf dem Verkehrsteppich ist Emil voll im Einsatz. Nur einmal fällt ihm sein rotes Auto ein und er wird traurig. Aber da kommt Joshi mit dem Lastwagen um die Ecke und lädt einen Haufen Bauklötze vor ihm ab. Gemeinsam bauen sie eine Autobahn.

Als Mama kommt, um Emil abzuholen, läuft er ihr fröhlich entgegen. Dann rennt er hinaus bis ans Törchen.

»Es ist nicht da!«

»Dein Auto? Wir suchen es, wenn …«

»Dein Auto ist nicht da, Mama!«, ruft Emil und schaut die Straße rauf und runter.

Mama bleibt mit offenem Mund stehen. »Das kann nicht wahr sein! Ich hab's vergessen«, flüstert sie.

»Vergessen?«, wundert sich Emil.

»Ja! Auf dem Parkstreifen vor der Bäckerei! Ich hab etwas mehr Geld in den Parkautomaten geworfen, weil ich nach dem Bäcker noch andere Besorgungen hatte. Und danach bin ich einfach weitergelaufen, bis zum Kindergarten.«

»Dann müssen wir das Auto jetzt abholen«, sagt Emil und zieht Mama mit.

Unterwegs gibt es viel Spannendes zu sehen. Auf einer Baustelle wird gerade der Betonboden gegossen. Dicker grauer Brei schießt aus dem Betonmischer in die Baugrube. Toll! Emil kann sich gar nicht sattsehen. Aber Mama drängelt: »Komm, Emil! Unsere Parkzeit läuft ab.«

Auch bei der Altglas-Sammelstelle ist was los. Der Kranwagen steht schon bereit, um die Container zu leeren. Emil will unbedingt warten, bis das Glas mit Geschepper auf die Ladefläche kracht. Mama schaut ungeduldig auf die Uhr: »Jetzt komm aber!«

Endlich erreichen sie die Straße mit der Bäckerei.

Und da sehen sie ihn sofort: den Abschleppwagen! Mit blinkenden Lichtern steht er direkt nebem ihrem Auto. Ein Mann stellt gerade ein Warndreieck auf, um den Abtransport vorzubereiten.

»Mama, schnell!«, ruft Emil und rennt los.

»Das ist unser Auto!«, rufen Emil und Mama gleichzeitig.

»Die Parkzeit ist längst abgelaufen! Wir wollten den Wagen gerade abschleppen«, erklärt der Mann mit der Warnweste. Dann lächelt er Emil an: »Da kommst du aber in letzter Sekunde!«

Mama muss unterschreiben, dass sie dem Abschleppdienst die Anfahrt bezahlen wird. Dann ist der Mann zufrieden und fährt weg.

»Puh!« Erleichtert lässt Mama sich ins Auto fallen. »Das ist ja gerade noch mal gut gegangen!« Zu Hause kocht Mama Schoko-ladenpudding. Den können die beiden jetzt gebrauchen! Zusammen kuscheln sie sich aufs Sofa. Aber was zwickt denn da? Mama greift in die Sofaritze und zieht es hervor. »Juhu, jetzt sind beide Autos wieder da!«, ruft Emil.

Lulu gibt Gas

Eine Geschichte von Anna Himmel
mit Bildern von Marine Ludin

Lulu wohnt bei Bauer Otto auf dem Hof.
Aber das Schweinemädchen ist anders als all
die übrigen Hoftiere. Einfach *ganz* anders …

Zum Beispiel am Sonntag: Da versammeln sich alle Tiere im
Hühnerstall. »Zeit für Eierbingo!«, kläfft Wachhund Bruno und fängt vor Aufre-
gung seinen Schwanz. Die Tiere wetten, welches Huhn zuerst ein Ei legt. Nur
Lulu lässt das kalt. Sie setzt ohnehin immer auf das falsche Huhn.

Am Nachmittag heißt es dann: Kaffeeklatsch bei den Milch-
kühen. »Was gibt's Neues?«, fragt die dicke Berta reihum. Sie
ist mit Abstand die neugierigste Kuh von allen. Aber Lulu
weiß eigentlich nie etwas Neues zu erzählen. »Tss-tss-tss«,
schnaubt Berta und straft Lulu mit einem strengen Blick.
Dafür ist Lulu jeden Morgen schon früh auf ihrem Wach-
posten. Sehnsüchtig sieht sie zu, wie Bauer Otto mit dem
Traktor vom Hof fährt. Lulu liebt es, wenn der Motor so
richtig laut rattert und Rauch spuckt. »Phänomenal«,
seufzt das Schweinemädchen und schaut dem Traktor
lange nach.

Abends im Schweinestall träumt Lulu ihren großen Traum: einmal selbst mit dem Traktor von Bauer Otto losbrausen. Das wär's!

Am nächsten Morgen streckt sich Lulu ausgiebig und gähnt: »Uaaaah!« Von allen Hoftieren steht sie als Erste auf. Denn den Bauern mit seinem Traktor will sie auf keinen Fall verpassen.

Als Lulu auf den Hof kommt, traut sie ihren Augen kaum: Dort steht der große Traktor. Ganz allein! Der Motor läuft und das Hoftor steht offen …

Das *kann* sich Lulu nicht entgehen lassen! Schon sitzt sie am Steuer und knattert los. Bauer Otto sieht den Traktor gerade noch vom Hof fahren. »Aber … ich war doch nur kurz auf dem Klo!«, ruft der Bauer fassungslos.

Lulu braust über den frisch gepflügten Acker. Was für ein Fahrgefühl! Ihre Schweineohren flattern im Wind. Der Motorenqualm weht ihr in die Nase. Und der Motor knattert ohrenbetäubend. »PHÄNOMENAL!«, jubelt Lulu.

»Das geht noch schneller!« Lulu gibt Gas, dass die Erde nur so spritzt. Sie brettert kreuz und quer über den Acker. Doch plötzlich taucht genau vor ihr ein riesiger Berg Rüben auf. Zu spät! Lulu kann nicht mehr bremsen …

Als Lulu wach wird, liegt sie im Schweinestall auf einem weichen Strohhaufen. Lulu reibt sich die Stirn. »Autsch!« Die Tiere schauen sie besorgt an. Zum Glück hat Lulu nur eine Beule. »Und am Traktor ist bloß ein Schweinwerfer kaputt«, schnattert Gans Trudi.

Kurze Zeit später öffnet sich die Tür vom Schweinestall. Lulu macht sich ganz klein. Bestimmt ist Bauer Otto furchtbar sauer! Der Bauer kommt herein und schaut auf Lulu. Nachdenklich kratzt er sich am Kinn. »Komm mal mit«, sagt er und führt Lulu nach draußen.

Auf dem Hof steht der Traktor mit laufendem Motor. Bauer Otto hebt Lulu hinauf und setzt sich dann ans Steuer. »Der ganze Acker muss neu gepflügt werden«, grummelt der Bauer. Dann lächelt er Lulu an: »Aber diesmal fahre ich!«

Prinzessin Trudildis jagt das Schlossgespenst

Eine Geschichte von Katharina E. Volk
mit Bildern von Carola Sturm

Prinzessin Trudildis lag in ihrem Bett und hatte die federweiche Bettdecke bis unters Kinn gezogen. Sie lauschte. Da waren sie wieder – diese seltsamen Geräusche. Es rumpelte, polterte und klirrte im unteren Stockwerk. Ob da ein Schlossgespenst sein Unwesen trieb?

Prinzessin Trudildis hatte ihren Vater, den König, gefragt. Doch der hatte gesagt: »Es gibt keine Gespenster! Das sind nur dumme Geschichten, die manche Leute erzählen.« Dann war er in sein Büro gegangen, um zu regieren.

Doch nun sprang Prinzessin Trudildis entschlossen aus dem Bett, um selbst nachzusehen. Sie schnappte sich ihren Morgenmantel und das Holzschwert, mit dem sie am Nachmittag Pirat gespielt hatte.

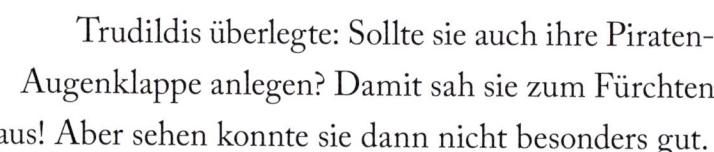

Trudildis überlegte: Sollte sie auch ihre Piraten-Augenklappe anlegen? Damit sah sie zum Fürchten aus! Aber sehen konnte sie dann nicht besonders gut.

»Pah! Ich werde dem Gespenst auch so einen ordentlichen Schreck einjagen«, beschloss die Prinzessin.

Leise und vorsichtig lief sie ein paar Schritte den Flur entlang und schlich die Treppe hinunter. Die Kerzen an den Wänden warfen tanzende Schatten.

Auf einmal sah sie einen schwachen Lichtschein unter einer Tür. Trudildis umklammerte ihr Holzschwert. Dann holte sie tief Luft und stieß die Tür mit einem Mal ganz weit auf. »Aaaah!«, schrie sie.

»Aaaah!«, schrie auch die Gestalt, die vorm Herd stand. Sie hatte sich eine gestreifte Küchenschürze umgebunden und trug eine weiße Haube, genau wie die Köchin. Prinzessin Trudildis fuchtelte mit ihrem Schwert und rief: »Du hast dich als Köchin verkleidet, du verflixtes Schlossgespenst. Ich befehle dir, unser schönes Schloss zu verlassen!«

»Äh, aber … i… ich … b… bi… bin doch die Köchin, Euer Hoheit«, stotterte die Köchin.

Verblüfft ließ die Prinzessin das Schwert sinken. Tatsächlich – die Stimme kam Trudildis bekannt vor. Vor ihr stand wahrhaftig die Köchin!

»Das kapiere ich nicht«, sagte die Prinzessin. »Was machst du denn hier? Bist du etwa auch auf Gespensterjagd?«

Die Köchin schüttelte den Kopf. »Nein, nein. Ich koche.«

»Mitten in der Nacht?«, staunte Trudildis.

»Ich koche für mich«, erklärte die Köchin. »Nachts bekomme ich immer solchen Hunger!«

»Isst du denn tagsüber nicht?«, fragte Trudildis.

Wieder schüttelte die Köchin den Kopf. »Die königlichen Speisen sind nichts für mich. Krabben, Sülze und Oliven schmecken mir nicht. Am liebsten mag ich Spaghetti und Schokoladenpudding.«

»Ich auch!«, rief Prinzessin Trudildis. Da grinste die Köchin verschmitzt.

»Ich decke den Tisch für uns zwei!« Dann ließen sie es sich schmecken.

»Das ist die leckerste Mitternachtsmahlzeit, die ich je gegessen habe«, sagte Trudildis. »Könnte sein, dass ich jetzt nachts öfter mal vorbeikomme.«

Und so war es dann auch. Ihr kleines Mitternachtsgeheimnis behielten die Prinzessin und die Köchin allerdings für sich, und sie ließen sich auch nie erwischen.

Pixi hilft den Insekten

Eine Geschichte von Simone Nettingsmeier
mit Bildern von Dorothea Tust

Pixi freut sich. Gerade hat er knusprige Brötchen aus seinem Ofen geholt. Denn gleich kommt sein Freund Umbärto zum Frühstück vorbei. »Tock, tock«, klopft es an der Tür. »Komm rein«, ruft Pixi fröhlich.

»Nein«, sagt Umbärto, »komm du lieber raus, ich will dir was zeigen!« Pixi öffnet die Tür.

Dort steht Umbärto und er sieht sehr besorgt aus. »Ist was passiert?«, fragt Pixi.

»Ja«, sagt Umbärto und hält Pixi einige geknickte Pflanzen unter die Nase. »Ich habe eine Baustelle entdeckt. Die macht die Wohnungen vieler Wildbienen kaputt.«

»Oje«, sagt Pixi. »Dann verlieren sie ja ihr Zuhause!«

Pixi und Umbärto rufen ihre Freunde zusammen: Wilma Wildkatze, Ricky Waschbär und Hase Langbein. Die fünf überlegen gemeinsam, was sie für die Bienen tun können. Da hat Pixi eine Idee. »Wir bauen ein Haus für Bienen und andere Insekten!«, ruft er. »Für alle, die wegen der Baustelle umziehen müssen.«

»Und wie soll das Insektenhaus aussehen?«, fragt Hase Langbein.

»Wir schichten einfach ein paar Äste auf«, meint Ricky Waschbär.

»Aber nicht alle Insekten wollen so wohnen«, meint Wilma Wildkatze. Dann zeichnet sie ein Hotel mit vielen Zimmern in den Sand. »Super«, ruft Ricky, »wir holen die nötigen Sachen!«

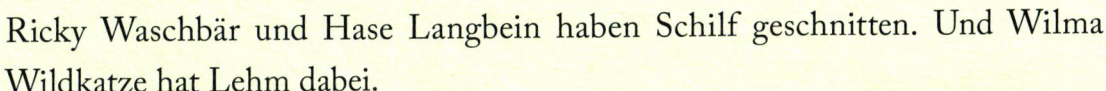

Bald kommen die Freunde vollbepackt zurück. Pixi und Umbärto haben Holz gesammelt. Ricky Waschbär und Hase Langbein haben Schilf geschnitten. Und Wilma Wildkatze hat Lehm dabei.

»Toll!«, ruft Pixi. »Dort auf dem schönen Sonnenplatz bauen wir das Hotel auf!«

Umbärto und Hase Langbein bauen aus dem Holz zuerst einen Kasten. Das sind die Außenwände und der Boden. Darauf befestigen Pixi und Wilma Wildkatze das Dach. Ricky Waschbär hat Etagenböden und Wände für die Räume ausgesägt. Die bauen die Freunde in ihr Hotel ein.

»Ins Dachgeschoss kann auch noch jemand einziehen«, meint Pixi.

»Und das Dach muss dicht sein, damit bei Regen niemand nass wird«, meint Wilma Wildkatze. Umbärto packt also noch eine dicke Schicht Lehm und Schilf auf das Dach. So hält es jedem Wetter stand.

Dann richten die Freunde die Zimmer mit Lehm, Sand, Holz und vielen Pflanzenstängeln ein. »Fertig!«, ruft Hase Langbein nach einer Weile. »Ja, jetzt können unsere Hotelgäste einziehen«, freut sich Pixi.

»Ich sag allen Bescheid«, ruft Umbärto und läuft davon.

Kurz darauf kommt Umbärto mit einigen Wildbienen zurück. Neugierig erkunden sie das Hotel.

»Bestimmt suchen sie sich ihre Zimmer aus«, meint Wilma Wildkatze.

Kurz darauf krabbeln die Wildbienen in die Schilfhalme hinein. Darin wollen sie den ganzen Winter lang wohnen. Manche Bienen holen noch etwas Lehm herbei. Sie bauen kleine Türen daraus, damit es in den Röhren immer schön warm bleibt.

Als Nächstes schwirrt eine Hummel zum Insektenhotel. Sie sucht sich ein Einzelzimmer aus. Und ein paar Ohrwürmer wollen ins Stroh einziehen.

»Wenn das so weitergeht, ist unser Hotel bald voll«, lacht Umbärto.

»Ja, und ich lade euch jetzt zum Frühstücken ein«, ruft Pixi.

»Juhu«, jubeln seine Freunde.

»Wohnen die Insekten nun für immer im Hotel?«, fragt Hase Langbein, als er bei Pixi in sein Brötchen beißt.

»Wer weiß?«, sagt Pixi. »Auf jeden Fall haben sie jetzt ein schönes Zuhause!«

Hanna schafft das

Eine Geschichte von Rüdiger Paulsen
mit Bildern von Frauke Weldin

Hanna wohnt auf einem Bauernhof außerhalb des Dorfs. Ihr Schulweg ist ganz schön weit. »Beeil dich, damit du nicht zu spät kommst!«, sagt Mama.

»Ich schaff das«, lacht Hanna und packt schnell das Pausenbrot ein.

Am Hoftor steht Borste, der Wachhund. »Kannst du mich ein bisschen kraulen?«, fragt er Hanna.

»Keine Zeit«, ruft Hanna. »Ich muss zur Schule.«

»Nur ganz kurz«, bettelt Borste. »Okay«, sagt Hanna und krault ihn am Hals.

Am Teich hört Hanna aufgeregtes Geschnatter. »Hilf mir«, jammert die Ente Paulina. »Mir ist ein Ei aus dem Nest gefallen.«

»Ich hab wenig Zeit«, sagt Hanna. »Die Schule fängt gleich an.« Schnell sucht sie das Ei und legt es zurück ins Nest.

Auf der Wiese steht Luise, die Kuh. »Hanna«, ruft sie, »komm mal her und hör dir mein neues Gedicht an.« Hanna schaut auf ihre Uhr. »Na gut«, sagt sie. »Aber mach schnell, ich will nicht zu spät zur Schule kommen.« Luise holt tief Luft und legt los:

Wächst auf der Wiese
grünes Gras,
macht der Kuh
das Fressen Spaß.

»Toll«, sagt Hanna. »Jetzt muss ich aber weiter.«

Unter der kleinen Brücke am Bach wäscht Frau Waschbär ihre Wäsche. »Soll ich dein Kleid mitwaschen?«, fragt sie. »Nein, das ist ganz sauber«, sagt Hanna. »Außerdem muss ich mich beeilen, sonst fängt die Schule ohne mich an.«

Bei den Schrebergärten knabbern Herr und Frau Hase gerade an frischen Möhren, als Hanna vorbeisaust. »Wohin so eilig?«, fragen sie.

»Ich muss pünktlich in der Schule sein«, ruft Hanna.

»Schaffst du«, sagt Frau Hase und schenkt Hanna eine Möhre für die Pause.

Die Kirchturmuhr schlägt Viertel vor acht. »Jetzt aber dalli«, krächzt Heribert Rabe von einem Zaunpfahl, »sonst kommst du zu spät zur Schule.«

»Ich schaff das«, sagt Hanna. »Ganz bestimmt!«

Zum Glück hat Hanna heute ihre Turnschuhe an. Damit kann sie besonders schnell laufen. Sie hüpft über Pfützen und springt über Steine.

»Hanna, Hanna!«, ruft plötzlich eine piepsige Stimme. Willi Mäuserich steht am Wegesrand und winkt aufgeregt. »Wie gut, dass du gerade vorbeikommst! Bitte versteck mich! Kater Murks ist hinter mir her.« Schnell stopft Hanna Willi in ihre Tasche. Willi atmet erleichtert auf.

»Hey, du da, Hanna! Irgendwelche Mäuse gesehen?« Kater Murks schaut grimmig um die Ecke.

»Ja«, sagt Hanna. »Aber ich sag nicht, wo.«

»Egal«, knurrt Murks, »ich erwische sie auch ohne dich.« Hanna rennt weiter. Jetzt kann sie die Schule schon sehen.

Oje, die Schuluhr zeigt drei Minuten vor acht. Das könnte knapp werden. »Ich kann dir helfen«, sagt Heribert Rabe. Schnell fliegt er hinauf zur Uhr und stemmt sich gegen den großen Zeiger. »Beeil dich!«, ruft er. »Lange kann ich das nicht halten.«

»Okay«, keucht Hanna. Da fällt ihr Willi ein. Sie reißt die Tasche auf und lässt den Mäuserich hinaus. Dann beginnt der Endspurt …

Als Hanna in die Klasse stürmt, sind alle Kinder längst da. »Hallo, Hanna!«, sagt die Lehrerin. »Wir haben schon auf dich gewartet.«

Da schlägt die Schuluhr acht Mal und dann schrillt auch die Klingel zum Unterrichtsbeginn. »Geschafft!«, lacht Hanna.

Das Flummi-UFO

Eine Geschichte von Metaxia Fernández
mit Bildern von Friederike Ablang

Das ist Paul. Er liebt Flummis und hat eine ganze Kiste voll. Heute spielt er mit dem blau glitzernden. Er schmettert ihn auf den Boden – der Flummi federt ab, prallt gegen die Hauswand und landet in Pauls Hand. Ein zweiter Wurf …

Oh, das war wohl zu viel Schwung! Der Flummi macht einen hohen Bogen. Paul folgt ihm mit den Augen und entdeckt etwas Seltsames: Über den Bäumen schwebt ein Ufo! Also ein unbekanntes Flugobjekt. So ein Gefährt hat Paul wirklich noch nie gesehen. Ob da ein außerirdisches Wesen drin ist? Paul versteckt sich lieber. Das Ufo landet mit holprigen Sprüngen.

Schon klettert ein grünes Kind heraus. Es untersucht die seltsamen Kugeln, auf denen das Ufo steht. Hey, denkt Paul, die sehen ja aus wie Flummis!

»Oh nein!«, ruft das Alien. Da sieht Paul, dass einer der Flummis aufgerissen ist. Paul lässt seinen blauen Flummi springen. Da strahlt das Alien: »Es gibt hier Flummis? Das ist die Rettung!«

Es erzählt, dass es Flumm heißt und den Flummi-Gummi-Antrieb erfunden hat. Leider ist einer der Antriebs-Flummis kaputt. Es braucht dringend einen neuen! Paul hat eine Idee: »Komm, ich weiß, wo wir einen Flummi für dich finden!« Schon schnappt er sein Fahrrad.

Sie halten vor dem Spielzeugladen. »Warte lieber draußen«, sagt Paul. Vielleicht hat der Ladenbesitzer, Herr Ferdinand, Angst vor einem Kind mit zwei Antennen auf dem Kopf. Doch der ruft: »Herein zu mir! Noch nie war ein Wesen von einem anderen Stern in meinem Laden!« Herr Ferdinand kramt einen Riesenflummi hervor. »Schau mal, den wollte seit Jahren keiner kaufen. Du kannst ihn gerne haben.«

Zurück beim Ufo, möchte Flumm den neuen Flummi sofort einbauen. Paul hilft ihm dabei. Zuerst stützen sie das Ufo ab. Dann ersetzen sie den kaputten Flummi durch den neuen von Herrn Ferdinand. Flumm jubelt: »Komm, Paul! Jetzt zeig ich dir das Ufo von innen.«

Im Ufo darf Paul alle Hebel und Knöpfe ausprobieren – fast alle. Als er gerade auf eine rote Taste drückt, ruft Flumm: »Die nicht!« Aber zu spät – schon startet das Ufo. Mit den Antriebs-Flummis hüpfen sie auf und ab, hoch und immer höher, bis über die Baumwipfel und durch die Wolken. Dann sind sie im Weltall.

»Wow!«, flüstert Paul.

»Ähem«, macht Flumm. »Wir können das Ufo jetzt nicht mehr stoppen. Es fliegt direkt zu meinem Planeten.«

Bald landen sie auf Flumms Planeten. Der ist wie ein riesiger Spielplatz. Die Bewohner leben in Ufos mit Rutschen, dazwischen sind Seile gespannt, an denen die Kinder schaukeln können.

Paul lernt Flumms Eltern und Geschwister kennen. Das Kinderzimmer ist voller bunter Spielsachen!

Dann gibt es Essen. Paul findet Flummis zwar toll, aber Gummi-Essen? Bäh! Paul isst lieber nichts. Sein Magen fängt an zu knurren. Flumm sagt: »Komm, Paul, das Ufo ist startklar.« Und schon fliegen sie durchs Weltall zurück zur Erde.

Pünktlich zum Abendessen kehrt Paul nach Hause zurück. »Besuchst du mich bald wieder?«, fragt Flumm. »Sehr gerne«, sagt Paul.

»Ich schicke dir ein Ufo«, verspricht Flumm.

Die Watschelbande

Eine Geschichte von Rüdiger Paulsen
mit Bildern von Jennifer Coulmann

Es ist noch ganz früh am Morgen. Entenmama Paulina würde gerne noch länger schlafen. Aber daraus wird wohl nichts. Denn unter ihren Flügeln wird gestrampelt und gezappelt und dann strecken kleine Piepmätze die Köpfe heraus. »Schlaft noch etwas«, schnattert Paulina. Aber da sind Stupsi, Flöckchen und Wuppel schon aus dem Nest gepurzelt. »Wir wollen spielen«, piepst Stupsi.

»Na gut, meine kleine Watschelbande«, lacht Paulina, »aber bleibt in der Nähe.« Neugierig tapsen die Entenküken durch das hohe Uferschilf. Stupsi führt die Bande an, Flöckchen und Wuppel folgen.

Als sie das Wasser erreichen, sitzt dort ein merkwürdiges Tier auf einem Seerosenblatt. »Du bist aber eine komische Ente«, staunt Flöckchen.

»Ich bin keine Ente, ich bin ein Frosch«, quakt der Frosch.

»Kannst du schwimmen?«, fragt Wuppel.

»Natürlich! Ich kann sogar tauchen.«

»Und wir können fliegen«, sagt Stupsi. »Wenn wir groß sind!«

Die kleinen Enten machen ein Wettschwimmen mit dem Frosch – einmal über den Teich. Stupsi ist Erster. Der Frosch taucht kurz vor dem Ziel unter, weil am Ufer ein Storch herumspaziert. Das ist ihm zu heikel.

Munter watscheln die Entenküken weiter. Über eine Wiese, unter dem Zaun hindurch – bis zu einem Bauernhof. »Wo sind wir?«, piepst Flöckchen und versteckt sich hinter Wuppel. Nah bei ihrem Bruder fühlt sie sich sicherer.

Vor einer kleinen Holzhütte liegt Anton, der Wachhund. »Wuff! Wer seid ihr denn?«, will er wissen.

»Wir sind die Watschelbande vom Teich«, sagt Stupsi und fragt keck: »Spielst du mit uns?«

»Oh ja!«, freut sich Anton. »Verstecken! Ich muss euch suchen. Das mache ich besonders gerne.« Er schließt die Augen und zählt: »Eins, zwei, drei …«

Die Entenkinder flitzen los. Stupsi hüpft ins Blumenbeet. Zwischen den gelben Primeln ist er kaum zu erkennen. Wuppel flutscht in einen alten Gummistiefel, der vor der Scheune liegt.

Nur Flöckchen weiß nicht, wohin. Da kommt gerade Hühnermama Elsa mit ihren Küken um die Ecke. »Wo soll ich mich bloß verstecken?«, fragt Flöckchen sie aufgeregt.

»Komm her!«, rufen die Küken. »Zwischen uns bist du supergut versteckt.«

»… acht, neun, zehn!« Anton öffnet die Augen. Mit der Nase über dem Boden spurtet er los. Vor dem Stiefel bleibt er stehen und schnauft aufgeregt: »Gefunden, gefunden!« Dann rennt er weiter zum Blumenbeet. »Komm raus!«, bellt er. »Ich weiß, dass du da drin bist.«

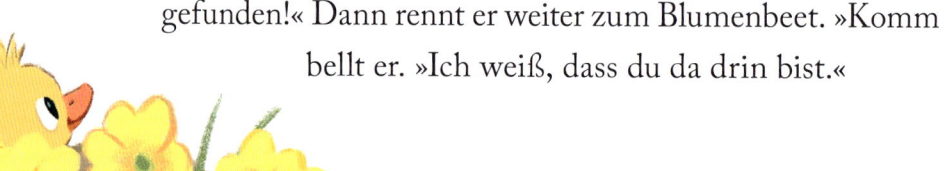

»Anton erschnüffelt fast alles«, flüstert die Hühner-mama Flöckchen zu, »aber dich findet er bestimmt nicht. Du riechst jetzt nach uns.«

Anton sucht weiter – kreuz und quer über den Bauernhof. So lange, bis ihm die Zunge aus dem Maul hängt. »Okay«, japst er schließlich, »ich gebe auf. Wo ist das dritte Entenkind?«

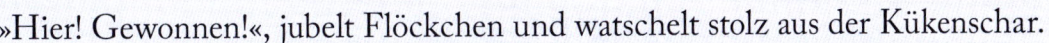

»Hier! Gewonnen!«, jubelt Flöckchen und watschelt stolz aus der Kükenschar.

In diesem Moment landet Entenmama Paulina vor der Hundehütte. »Ich hab euch überall gesucht!«, schnattert sie. »Ihr solltet doch in der Nähe bleiben.«

»Sind wir auch«, sagt Stupsi. »Ist doch gar nicht weit bis zum Bauernhof.«

Paulina bedankt sich bei Anton und Elsa, dass sie auf die kleine Watschelbande aufgepasst haben. »Wir kommen morgen wieder«, ruft Flöckchen den Küken zu und winkt zum Abschied. »Dann spielen wir zusammen.«

»Und jetzt ab nach Hause!«, sagt Paulina und watschelt los. »Das Frühstück wartet.«

Feuerdrache Vatra Krak

Eine Geschichte von Martin Klein
mit Bildern von Sabine Legien

Vatra Krak ist bekannt vom Nordpol bis nach Feuerland. Er lebt in einer Höhle voller Ruß und Asche. Vatra Krak ist der letzte Drache seiner Art.

Wissenschaftler nennen ihn Draco fumigans. Andere Leute sagen einfach Feuerdrache.

Jan ist Vatra Kraks bester Freund. Die beiden spielen stundenlang Mau-Mau.

Sie erzählen sich Menschen- und Drachenwitze und essen frisch geröstetes Popcorn. Dafür hat Vatra Krak immer einen Sack Maiskörner vorrätig. Mit einem einzigen Feuerhauch zaubert er knuspriges Popcorn daraus.

Andere Drachen legen alles in Schutt und Asche. Sie rauben Gold und bewachen es für den Rest ihres Lebens. Vatra Krak macht sich lieber nützlich. Er pustet zum Beispiel nasse Wäsche trocken. Danach riecht sie wie Drachenqualm. »Danke, Vatra«, sagen Jans Eltern und waschen alles noch mal.

In den Sommerferien macht Vatra mit Jan und seiner Familie Urlaub an der Ostsee. Der Feuerdrache freut sich sehr, denn er war noch nie am Meer. Sie fahren mit dem Zug hin und haben extra Plätze im Fahrradabteil reserviert.

Am Ostseestrand baut die Familie eine Drachenburg aus Sand. Sie spielen Volleyball, suchen Bernsteine und sonnen sich. Aber am liebsten tollt Vatra mit Jan im Wasser herum. Sie machen Wellentauchen und Drachenköpper.

Als alle wieder zu Hause sind, lädt der Feuerdrache sogleich in seine Höhle ein. Vatra plant eine Fotoshow an der Höhlenwand, und dazu soll es frisches Popcorn geben! Beamer und Röstpfanne stehen schon bereit. »Feurio!«, ruft Vatra und pustet auf die Maiskörner. Sie kullern wild hin und her. Sonst geschieht nichts – kein Plopp und kein Popp.

Vatra holt tief Luft und schnaubt, dass die Körner durch die Höhle fliegen wie ein Hagelsturm. Aber kein einziges Korn wird zu Popcorn.

»Auweia«, jammert Vatra. »Ich kann kein Feuer mehr spucken!«

Jan streicht seinem Freund tröstend über die Schuppen. »Das kriegen wir wieder hin. Ich habe schon eine Idee.«

Dafür braucht Jan seinen Vater und dessen ganz besonders feuriges Feuerzeug aus feuerfestem Silber. Der Vater knipst es an.

Das Flämmchen soll Vatras Atem entzünden. Aber das Silber beschlägt und die kleine Flamme erlischt.

Jan gibt nicht auf. Seine zweite Idee heißt Brennnesseltee. Alle streifen Handschuhe über und sammeln einen Haufen Brennnesseln. Daraus kochen sie den stärksten Brennnesseltee der Welt. »Schmeckt ganz gut«, krächzt Vatra Krak. Aber das Feuerspucken klappt immer noch nicht.

»Was mache ich jetzt bloß?«, seufzt der Drache.

»Dann rösten wir das Popcorn eben ab jetzt auf dem Herd«, schlägt Jan vor. Aber Vatra besitzt keinen Herd. Und ein Feuerdrache ohne Feuer ist wie ein Schwertfisch ohne Schwert. Die Freunde denken scharf nach.

»Scharf!«, ruft Jan nach einer Weile. »Das ist es! Ich habe eine neue Idee!« Sein Vater isst gern so scharf, dass es sich anfühlt wie Feuer.

Jan bereitet mit seinen Eltern das schärfste Chili aller Zeiten zu. Achtung, Achtung! Nur für Feuerdrachen genießbar! Vatra Krak verschlingt das Chili mitsamt der Schüssel. Dann färbt sich der Drache grün und blau-gelb und pink. Vatra flüstert heiser: »Feurio!« Er holt tief Luft und … ein Feuerstoß erleuchtet die Stadt. Vatra Kraks Drachenfeuer ist zurück.

Bauer Hotte macht Urlaub

Eine Geschichte von Susanne Böse
mit Bildern von Sabine Legien

»Puh, was für ein Tag!« Bauer Hotte schlurft in den Stall. »Kartoffeln ernten, den Heuwender reparieren, Stroh pressen und – ach, egal.« Er klatscht den Tieren das Futter hin. »Guten Appetit und Gute Nacht!« Ächzend schleppt sich der Bauer aus der Tür.

Der dicken Berta platzt der Kragen: »Verflixt noch mal!«, grunzt sie.

Die kleine Maxi piepst: »Das ist schon das dritte Mal diese Woche.«

Zornig kickt Elsa, die Kuh, den Knochen weg, den der Bauer ihr gegeben hat. »Ich fresse das nicht!«

Der traurige Theo kann gerade noch den Kopf einziehen. »Was soll ich denn sagen?«, jault er.

Niedergeschlagen versorgen die Tiere sich selbst. Wie so oft in letzter Zeit.

»Morgen ist es bestimmt wieder genau das Gleiche«, muffelt Berta.

Maxi piepst: »Ich mag aber keine …«

»Kikerikiii!«, kräht der schöne Schorsch.

»Ruhe!« Er holt tief Luft. »Der Bauer ist total erschöpft. Es ist ganz klar: Er braucht Urlaub.«

»A-uuuh. Er darf aber nicht wegfahren!«, heult Theo. »Was soll dann aus uns werden?«

»Ganz einfach: Wir fahren mit!«, kräht Schorsch.

»Super Idee!«, piepst Mäuschen Maxi begeistert. »Aber wohin?«

»Ans Meer!«, muht Elsa.

»In die Berge, zum Wandern«, bellt Theo.

Schorsch plustert sich auf: »Wir buchen ein schickes Hotel, mit Wellness und so.«

»Urlaub auf dem Bauernhof soll toll sein!«, quiekt Berta.

Die anderen verstummen. »Auf gar keinen Fall!«, sagt Elsa energisch.

Theo grübelt: »Hm. Aber wie fahren wir in den Urlaub?«

»Mit dem Schiff! Eine Kreuzfahrt!«, ruft Elsa.

»Oh nein, da wird mir schlecht«, gockelt Schorsch. »Wir fahren Zug. 1. Klasse.«

»Fliegen geht schneller«, weiß Maxi.

Schließlich sagt Theo: »Am einfachsten ist es wohl mit dem Auto.« Das ist die Lösung! Sofort machen sich die Tiere an die Arbeit.

Bauer Hotte liegt derweil schnarchend im Bett. Er hat nicht die leiseste Ahnung, was auf seinem Hof los ist. Am nächsten Morgen traut er seinen Augen nicht: »Was habt ihr denn vor?«

Alle rufen durcheinander: »Wir machen Urlaub!« – »Ferien!« – »Und du kommst mit!«

Bauer Hotte ist noch nicht überzeugt.

»Aber wie soll das gehen?«

»Einsteigen, Motor an und dann immer der Nase nach«, sagt Berta.

»Der letzte Urlaub ist echt schon lange her«, murmelt Bauer Hotte. »Warum also nicht?« Zuerst geht es gut voran.

»Eine Seefahrt, die ist lustig«, singen sie aus Leibeskräften. Bis plötzlich … »Och nö, ein Stau.« Sie stehen. Und stehen. Und stehen.

»Ich hab Hunger«, grunzt Berta.

»Haben wir was zu trinken?«, grummelt Elsa.

»Ich muss mal«, piepst Maxi.

»Es wird bald dunkel«, jammert Theo.

»Wann sind wir da?«, kräht Schorsch.

Selbst der Bauer wird langsam ungeduldig, doch dann löst sich der Stau endlich auf. Von einem Laster waren Apfelkisten heruntergefallen: Die ganzen Äpfel sind auf die Fahrbahn gekullert. Weiter geht's. Es dauert nicht lange, da ruft der Bauer begeistert: »Seht mal, ein Campingplatz! Den nehmen wir!«

Zum Glück ist noch ein Platz frei. Aber ein Zelt aufzubauen ist nicht so leicht. »Wie war das noch?«, murmelt Bauer Hotte. »Muss das hier hinein?« – »Quatsch, das ist falsch herum.« – »Aber dieses Ding muss da durch!« – »Und wo gehört das hin?« Sie geben nicht auf.

Mit vereinten Kräften ist es schließlich geschafft: Das Zelt steht! Und das Tollste: Auf dem Campingplatz ist für jeden etwas dabei. Das Meer für Elsa. Berge für Theo. Wellness für Schorsch. Und mmh, leckeres Essen für Berta und Maxi.

Und was macht Bauer Hotte? Der spannt mal so richtig aus.

Aufregung am Baggersee

Eine Geschichte von Martin Schmitz-Kuhl
mit Bildern von Dirk Hennig

Das da unten ist Ben. Aber Achtung! Du solltest ihn nicht so lange anschauen. Er ist sehr reizbar und mag es nicht, wenn er beobachtet wird.

Wahrscheinlich muss man so sein als Räuber. Vor allem, wenn man ein richtig böser, finsterer und gemeiner Seeräuber sein will. Und das will Ben unbedingt!

Der See von Seeräuber Ben ist allerdings wirklich nur ein See. Um genau zu sein: ein Baggersee.

Lach nicht!

Ben konnte es sich eben nicht aussuchen, wo seine Familie Urlaub macht. Er wäre bestimmt auch lieber ans Meer gefahren. Aber wenigstens versucht er jetzt, das Beste daraus zu machen.

Doch wie macht man das Beste aus so einem öden Baggersee? Denn sind wir mal ehrlich: Besonders viel los ist hier wirklich nicht! Okay, es gibt jede Menge Boote, die man entern könnte. Aber soll er jetzt etwa anfangen, irgendwelche Leute zu überfallen?

Ja, warum denn eigentlich nicht?

Ben versteckt sich eine Weile am Rande des Ufers. Er muss nicht lange warten.

Als eine ältere Dame in erreichbare Nähe kommt, springt er mit lautem Gebrüll und Gejohle hervor. Und sie ist wohl tatsächlich ein bisschen erschrocken. Vielleicht hat sie aber auch nur so getan.

Nur wenig später sucht Ben mit seinem Fernrohr wieder den See ab. Irgendwann muss hier doch mal etwas passieren.

Plötzlich sieht er es auf sich zukommen: ein riesiges Segelschiff, mit richtigen Kanonen und allem Drum und Dran! Darauf hat er sooooo lange gewartet.

Doch als er sein Fernrohr zur Seite legt, muss er feststellen, dass das Schiff doch nicht ganz so riesig ist. Es ist nur ein blödes Spielzeugboot.

Was für eine Enttäuschung! Das ist wirklich der langweiligste und trostloseste Urlaub, den sich Ben vorstellen kann.

Ben glaubt schon gar nicht mehr an ein Abenteuer, als er auf einmal einen gellenden Schrei hört. Es ist der Schrei eines Mädchens. Eines Mädchens in Not! Sie heißt Emma. Und irgendetwas Wertvolles scheint ihr ins Wasser gefallen zu sein. Sosehr sie sich auch reckt und streckt, sie kommt nicht mehr dran. Schon nähert sich ein großer Schwan. Oh weh!

Und was macht Ben als furchtloser Seeräuber? Er zögert nicht lange und springt mutig in die Fluten.

Schon wenig später steigt Ben triefend nass, aber auch ein bisschen stolz aus dem Wasser. Er hält einen geretteten Teddy in die Höhe.

Emma ist überglücklich. Sie sagt, Ben sei der freundlichste, netteste und liebste Seeräuber, den sie je gesehen habe.

Was soll man denn dazu sagen? Ben wird erst ein klein wenig rot – und dann sehr nachdenklich. Schließlich muss ein richtiger Seeräuber doch böse, finster und gemein sein und nicht freundlich, lieb und nett.

Aber als Emma vorschlägt, sie könnten ja zusammen etwas spielen, zum Beispiel Seeräuber, hellt sich Bens Miene wieder auf und er beginnt zu strahlen.

Denn das ist wirklich eine ganz ausgezeichnete Idee!

Ein Pony im Garten

Eine Geschichte von Rüdiger Paulsen
mit Bildern von Sabine Legien

»Mamaaa!«, kreischt Elli aus dem Kinderzimmer. »Komm mal ganz schnell her!«
Es ist Sonntag und Mama Sabrina hätte gerne noch etwas geschlafen.

Aber auch Mieke ist ganz hibbelig und zupft an der Bettdecke. »Schnell, Mama!
Das musst du unbedingt sehen.«

»Ihr seid zwei richtige kleine Nervensägen«, seufzt Mama und steht auf.

»Schau mal aus unserem Fenster«, sagt Elli aufgeregt. »Da ist ein Pony im
Garten.« Mama traut ihren Augen kaum, aber es stimmt: Unter dem Apfelbaum
frisst ein weißes Pony mit braunen Tupfen die Äpfel, die runtergefallen sind.

»Das wollen wir behalten«, bettelt Elli. »Bitte, Mama. Bitte!«

»Nun mal schön langsam, ihr verrückten Hühner«, lacht Mama. Alle ziehen sich
an und laufen in den Garten. Das Pony wiehert freudig und ist sehr zutraulich. Es
trägt ein Halfter und Mama holt schnell ein Seil aus dem Gartenhaus.

»Das ist irgendwo weggelaufen«, sagt sie. »Behalten dürfen wir das nicht. Wir müssen herausfinden, wem es gehört.«

Mama schaut in die Sonntagszeitung, ob jemand eine Vermisstenanzeige aufgegeben hat, aber sie findet nichts. Mieke schlägt vor, den Ponyhof im Nachbarort anzurufen, aber dort fehlt kein Pony. Ob die Polizei etwas weiß? Mama ruft an, aber auch da kann man ihr nicht weiterhelfen.

Mieke und Elli finden das überhaupt nicht schlimm. Mit einer alten Kleiderbürste striegeln sie das Pony, kämmen die Mähne und stellen einen Eimer mit Wasser unter den Apfelbaum. »Wenn es niemand vermisst, dann müssen wir es ja behalten«, grinst Mieke.

»Kommt jetzt rein«, ruft Mama. »Omi Petra und Opa Rolf sind zum Frühstück gekommen und haben frische Brötchen mitgebracht.« Begeistert erzählen Mieke und Elli von dem kleinen Pony, das ihnen zugelaufen ist.

»Moment mal«, sagt Opa und kramt in seiner Jackentasche. Er holt einen Werbezettel vom Zirkus Petronelli heraus. »Wir haben doch einen Zirkus in der Stadt. Ich wollte euch in die Nachmittagsvorstellung einladen«, sagt er. »Ob das Pony zum Zirkus gehört?«

»Da steht eine Telefonnummer«, sagt Mama. Sie nimmt ihr Handy und tippt die Nummer ein.

»Oh, wie wunderbar«, ruft der Zirkusdirektor ins Telefon, als Mama das Pony beschreibt. »Wir suchen schon den ganzen Vormittag.« Mama erklärt, wo das Pony abgeholt werden kann. Kurz darauf hält ein buntes Zirkusauto vor dem Haus.

»Ich bin ja so froh«, ruft der Direktor, als er aus dem Auto springt. »Wo ist denn der kleine Ausreißer?« Mieke und Elli führen ihn in den Garten.

»Strubbel!«, ruft er erleichtert. »Du kleiner Rabauke.«

»Wir hätten ihn sooo gerne behalten«, sagt Elli traurig.

»Ihr bekommt eine Belohnung«, tröstet sie der Direktor und zieht fünf Freikarten aus seiner Westentasche.

Am Nachmittag um vier beginnt die Vorstellung. Die ganze Familie hat Ehrenplätze in der vordersten Reihe. Von da aus kann man besonders gut sehen.

Dann tritt Strubbel auf. Zusammen mit einem Clown macht er lustige Kunststücke. »Strubbel«, ruft Mieke und winkt ihm zu. Strubbel schaut herüber und grüßt wiehernd zurück.

»Das war aber ein aufregender Sonntag«, sagt Omi, als sie wieder zu Hause sind. Das finden Mieke und Elli auch. Ein Pony im eigenen Garten – das erlebt man nicht alle Tage.

Ella-Lu, die Sommerkuh

Eine Geschichte von Ana Zabo
mit Bildern von Markus Spang

Endlich war Sommer. Die Sonne leuchtete golden und Schwärme von Möwen kreischten über dem Meer. Ella-Lu war mit ihrer Bäuerin Bu am Strand. Erst hatten sie im Wasser gespielt, nun machten sie es sich im Strandkorb gemütlich. Ella-Lu plapperte vor sich hin. »Ella-Lu, die Sommerkuh, war im Wasser, muh, juhu.« Dichten und Reime erfinden mochte sie einfach gern.

Doch nun wollte Bu ein Nickerchen machen, Ella-Lu konnte sich derweil am Strand umsehen. Bu sagte: »Lauf nicht zu weit weg! Am besten, du merkst dir die Nummer von unserem Strandkorb: Nummer 13. Erst eine 1, dann eine 3. Kannst du dir das merken?«

»'ne 1, 'ne 3, oweiowei«, dichtete Ella-Lu. Klar, konnte sie sich das merken. Da legte Bu sich hin und Ella-Lu machte ihren Spaziergang. Kaum hatte sie ein paar Schritte getan, entdeckte sie etwas Besonderes. »Das gibt's doch nicht«, murmelte Ella-Lu. »Da liegen ja Reime am Strand!« Neben einer Maus erhob sich ein Spielzeughaus. »Muschelmaus, Spielzeughaus …«

Von dort ging ein Pfeil weg. Ella-Lu folgte dem Pfeil und entdeckte noch mehr Reime: Dose, Rose, Hose. Und noch einen Reim und noch einen. Sprudel-Flasche, Bade-Tasche. Welle, Forelle, Suppenkelle. Nase, Hase, Seifenblase.

»Die Reime liegen einfach am Strand herum«, wunderte sich Ella-Lu. »Da liegt eine kleine Katze auf einer Luftmatratze. Kleine Katze, Luftmatratze.«

Und weiter, immer weiter ging Ella-Lu. Manchmal wandte sie sich um und sah ihren Strandkorb. Sie wollte ja nicht zu weit gehen. Aber die Reime wurden immer interessanter und Ella-Lu drehte sich immer seltener um.

Schließlich kam sie zu einer Sandburg, wo sich Löwe auf Möwe reimte. »Ganz im Sand versteckt ein Löwe und darüber lacht 'ne Möwe.« Da fragte sie sich: Können Reime eigentlich lebendig werden? Löwe zum Beispiel?

Schnell lief sie weiter. Als sie sich wieder umdrehte, war Strandkorb Nummer 13 verschwunden.

Überall waren Strandkörbe, Nummer 13 war nicht mehr dabei. Ella-Lu lief hierhin und dorthin. Sie irrte nun zwischen Strandkörben und Badegästen herum. Bald wusste sie nicht mehr, woher sie eigentlich gekommen war.

Aber vielleicht konnte sie fragen. Vielleicht wusste ja jemand, wo Nummer 13 zu finden war.

»Verzeihung«, sagte sie und wandte sich an ein Schaf mit Sonnenhut. »Ich hab mich verlaufen. Ich suche Strandkorb Nummer 13.« Das Schaf wusste zwar nicht, wo der Strandkorb war, trotzdem hatte es viel zu erzählen.

»Deinen Strandkorb kenn ich. Im Winter ist er in der warmen Lagerhalle, im Frühjahr aber wird er mit allen anderen Strandkörben an den Sommerstrand gebracht«, erzählte es. »Am besten, du fragst den Rettungshund. Der weiß Bescheid am Sommerstrand.« Der Rettungshund aber musste gerade einen Wasserball retten und hatte keine Zeit für Ella-Lu. Also suchte sie selbst weiter. Wenn sie doch nur bald zurückfand! Bestimmt machte sich Bäuerin Bu schon Sorgen.

Da sah Ella-Lu plötzlich eine schöne Muschel im Sand. »Sand, Strand, wo ich eine Muschel fand«, dichtete sie.

Sie wollte die Muschel gerade aufheben … als diese zu sprechen begann. Leider verstand Ella-Lu kein Wort, denn die Muschel nuschelte. Allerdings schien sie zu wissen, wo Ella-Lus Strandkorb war.

»Dreischeen bsching Schlück, folsche desch Reimschen schuschück«, nuschelte die Muschel.

»Kannst du das auch deutlich sagen?«, fragte Ella-Lu höflich. Aber die Muschel zischte nur »schtapüsch« und rollte ins Meer zurück.

»Was hat sie bloß gemeint?«, grübelte Ella-Lu. Da zwackte sie ein Krebs in die Wade. »Sie hat gesagt«, quietschte er, »13 bringt Glück, folge den Reimen zurück.«

»Oh! Danke«, erwiderte Ella-Lu. Dass sie nicht selbst daran gedacht hatte! Ja, sie ging die Reime zurück, so wie sie gekommen war. Nur – wo waren die Reime?

Da tauchte der Rettungshund auf. Er kam triefend nass aus den Wellen und stupste den Wasserball vor sich her. Gerne zeigte er Ella-Lu, wo sie den Reim Löwe – Möwe fand. Von da aus war es einfach. Ella-Lu ging die Reime in umgekehrter Reihenfolge zurück. Und bald sah sie ihren Strandkorb – und Bäuerin Bu.

»Da bist du ja«, freute sich Bu. Ella-Lu erzählte von den Reimen am Strand. »Das hab ich noch gar nicht gewusst«, meinte Bu. Dann legte sie den Arm fest um Ella-Lu und sagte: »Ich bin sooo froh, dass du wieder da bist.«

»Ich auch«, seufzte Ella-Lu.